与其勉强自己变得能说会道
不如掌握"好好提问"的技巧

好好提问

[日] 渡濑谦 \ 著　　蓝春蕾 \ 译

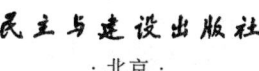

前　言

"提问"是性格内向之人的"武器"！

"我想改变自己不善言辞的性格。"
"我想治好自己的社交恐惧症。"
"我想让自己不那么怕生。"

这些都是让我一直烦恼的事情。
从小我就患有严重的社交恐惧症。
小时候在别人面前说话时，我总是因为紧张很难把话说清楚。
当然，在学校上课时我也从未主动举手回答问题。在生活中我也尽量减少存在感，以免引起他人的注意。

我一直以为：

"长大后自然而然就变得善于言辞。"
"到那时我就能毫无负担地当众发言了。"
"我不会再因为和他人聊天而苦恼了。"

但我大错特错了。

踏入社会后,我成为一名销售,但我的社交恐惧症并没有好转。儿时的性格没有那么容易改变,我也一直为此烦恼。

- 和第一次见面的人不知道讨论什么话题
- 问出离谱的问题后气氛变得尴尬
- 在工作聚会和派对中总是一个人待在角落
- 因为拼命找话题变得疲惫不堪
- 与某人多次见面还是很生疏
- 轮到自己提问时大脑一片空白
- 在许多人面前会紧张得说不出话来

为了改变自己,我读了许多与心理学和谈话技巧有关的书。

在读这些书的时候,会有一瞬间恍然大悟,但我从本质上还是个怕生的人。

一旦面对客户,我还是不知道该说什么。

保持内向性格的金牌销售!

几年后,我进入瑞可利①公司(Recruit)工作。这家公司给人的印象类似学生时期的体育社团,员工善于社交,上下级关系森严。

在这样的人群和环境中,我在保持自己内向性格的情况下,一路升为日本金牌销售。

实际上,我使用了一种方法。

就是本书介绍的"好好提问"方法。

"好好提问"并非说场面话。

它能让不善言辞的人和患有社交恐惧症的人,用最低限度的对话引导他人,从而活跃谈话的氛围。

很多不善言辞的人,包括过去的我,都误认为:

"不会说话是自己的问题。"

---

① 瑞可利:一家招聘服务供应商。(如无特殊说明,本书注释均为译者注)

"就是因为自己说话不够利索,别人才不喜欢自己。"

我甚至会参考搞笑艺人和播音员的说话方式,认为自己应该掌握一些高超的说话技巧才行。

但我又大错特错了。

不要成为"擅长交流"的人,而要成为"容易交流"的人

人并非总是因为说话幽默而受欢迎。你也许有过类似的经历吧。

有的人能说会道、善于社交,但不知为何,你和他交谈时总感觉很疲惫。有可能是因为你正处于单方面倾听的状态。

无论对方说的话多么有趣,若是一直听对方说也难免会厌烦。

相反,当自己能在对话中自在地表达观点时,就会产生积极交流的情绪,也会觉得和对方相处很愉快。

另外,一些说话过于流畅的销售会让人隐隐产生不信任的感觉。

而不善言辞的销售如果给客户留下善于倾听、容易交

流的印象,反而能获得客户的信任,提升自己的业绩。

要想成为容易交流的人,学会"好好提问"的技巧很重要。只需要掌握一点点小技巧,你就能在人际关系中获益颇丰。

而且,越是内向嘴拙的人,越擅长倾听而非表达,因而他们更容易掌握这种方法。

与其勉强自己变得能说会道,不如掌握"好好提问"的技巧,逐渐改变周围人对自己的看法。

这就是我成为金牌销售、改变人生的秘密。

也许你会觉得,提出好问题没有那么简单。

不过不用担心,我以前也会因提不出问题而烦恼,还留下了心理阴影。

这还要从我小学时说起。

恐惧提问的过去

你应该见过那种下课后跑到老师身边提问的学生吧?

内向的我实在没有勇气过去。

老师是令人敬重的成年人,我没办法和他们面对面交谈,也不敢提问。

然而,看到老师兴致勃勃地回答学生的问题,我又稍微有些羡慕。

"要是我也能和老师那样说话就好了。"

我一直为自己的胆小而自卑。

有一次下课前,老师问全班同学:"你们有什么问题吗?"

没有一个人举手。

我也一副事不关己的样子听着,还不忘像平常一样低下头,避免与老师眼神对视。

"渡濑同学,你来说。"老师突然点了我的名字。本来准备合上教科书的我吓了一跳,噌的一下站了起来。

"渡濑同学,任何问题你都可以问。"

"任何问题……"

因为猝不及防地被老师点名提问,我感觉自己的脸变得通红,拼命翻看自己的笔记本,寻找可以提问的内容。

"我一定要问点儿什么,但我什么也想不到啊……"

焦急之中,我的大脑一片空白。

老师见我手足无措、提不出问题的样子,便让我坐下,随即宣布下课。

我坐下后,自然有些不好意思,但更多的是懊恼自己无法回应老师的要求。

正在阅读本书的你,是不是也有以下这些经历呢?

- 懊恼于自己提不出问题
- 总是烦恼问什么问题
- 对提问有心理阴影
- 在意自己提问后会被笑话
- 觉得自己提问得不够好

如果你想改变自己,本书的方法一定会对你有所帮助。

因为连我这样一个有交流障碍的人,都能通过这些方法,提出好问题。

仅凭一个问题,就能在人群中脱颖而出

本书将详细介绍"如何提出好问题",并举出实例。我们先从最基础的方式开始实践吧。

提出好问题可以帮助你从羞耻和自我厌恶中解放出来,对工作和生活也大有裨益。

- 从容与合不来的人打交道
- 和讨厌的上司交流自如
- 在交谈中吸引异性

・和上司谈笑风生
・在众人面前轻松发言

怎么样,"提问"可以在如此多的场合中派上用场。

我不善言辞,有社交恐惧症,还是个怕生的人。连我都能掌握的提问方法,你也一定能学会。

渡濑谦
2016年6月

目 录

序 章

不会提问的人在生活中会吃亏

话题打不开，印象会变差 ·················· 2

单纯地说教，无法赢得尊重 ·················· 6

说话太直接，得不到他人信任 ·················· 10

无意识地沉默，关系只会越来越远 ·················· 14

不擅长和人打交道，容易陷入社交僵局 ·················· 18

重要场合大脑空白，错失宣传良机 ·················· 22

会上未做发言准备，评价会降低 ·················· 26

过度在意他人看法，没勇气举手提问 ·················· 30

无法掌握交流主动权，能力得不到认可 ·················· 34

第一章

七个步骤，吃透过去询问法

提出好问题的诀窍是询问过去 ………… 40

步骤1　按时间顺序提问，对方好回答 ………… 43

步骤2　找寻对方的兴趣点，话题持续不冷场 ……… 47

步骤3　关注对方想法，打开话匣子聊不停 ……… 51

步骤4　思考时间给足，气氛不会僵硬 ………… 55

步骤5　提取对话关键词，跟谁都能轻松聊 ……… 59

步骤6　显示自己的关心，和下属好好沟通 ……… 63

步骤7　深挖情感表达，快速提升好感 ………… 67

第二章

九大诀窍，锻炼问话力

诀窍1 提前使用预告语，对话顺畅不失礼…………72

诀窍2 分阶段提问，让对方快速回话……………76

诀窍3 不害怕被拒绝，否定回答也能接话…………80

诀窍4 耐心等待答案，真心话不隐藏……………84

诀窍5 转换话题有妙招，不愁没话聊………………88

诀窍6 避免随意提问，小心留下坏印象……………92

诀窍7 警惕模式化问题，对方根本懒得答…………96

诀窍8 缓解紧张别离题，做好准备很重要…………100

诀窍9 活用激励法，提升下属能力………………103

第三章

十四个场景，活用提问术

场景1　日常会话——寻找双方共同点 …………108

场景2　商务对话——限定选项 …………………112

场景3　会议——时刻保持怀疑 …………………116

场景4　派对——利用有效信息 …………………120

场景5　工作聚会——询问近况 …………………124

场景6　销售——消除对方警惕心 ………………128

场景7　教育——商量倾听 ………………………132

场景8　在合不来的人面前——保持交流 ………136

场景9　在喜欢的异性面前——询问经历 ………140

场景10　在自傲的人面前——学会请教 …………144

场景11　在寡言的人面前——耐心等待 …………148

场景12　在不自信的人面前——只问过程 ………152

场景13　在众人面前——创造对话的条件 ………156

场景14　在年长者面前——优先倾听对方的话 …160

第四章

六大方法，抓住提问时机

攻击式提问的诀窍是抓住提问时机 …………… 166

方法1 将视角转向周围人 ………………………… 169

方法2 提问要让人觉得尖锐 ……………………… 172

方法3 用提问缩短距离 …………………………… 176

方法4 全身心倾听对方的话 ……………………… 179

方法5 引导对方说出关键词 ……………………… 182

方法6 保持冷静 …………………………………… 185

与人相处时打开话题的好句子合集 ……………………… 188

后　记 ……………………………………………… 191

序章 不会提问的人在生活中会吃亏

话题打不开，印象会变差

有些人找不到谈话的切入点

人总是尽量避免与自己合不来的人单独相处，但在日常工作与交流中，难免有避无可避的时候。

比如工作中和上司一起坐火车出差，并且两人的座位还是相邻的。

小A就需要与平常基本没有来往的上司去外地出差。本来只有小A一个人去，但工作量突然增加，上司便提出自己也要同行。上司还要求小A买两张固定座位的票，这下两人不得不并排坐。

在列车上并排坐基本与两人独处没区别，这种情况下被迫和上司共度几个小时对小A来说简直就是地狱。无论双方的关系多么疏离，作为下属，也不能自顾自拿出耳机听音乐，或者旁若无人地读书，这样也太奇怪了。双方还是需要开展一定程度的对话，缓解一下尴尬的气氛。

"部长,您要坐靠窗的位置吗?"
"不用,这个座位就行。"
"哦,那我去买点儿饮料吧。"
"不用,移动餐车会过来的。"
"也是……"
"……"

小A试图找个话题缓解尴尬,可对话怎么都进行不下去,在车上他一直烦恼这种时候应该说什么。最终还是无力改变尴尬的氛围,只好焦急地等待车辆到站,任凭时间流逝。

由于路上一直紧绷着神经,小A到了目的地后已经筋疲力尽,在接下来的重要会议中表现也欠佳,上司对小A的印象自然更差了。

第二天开始变得与众不同

自那以后过了几个月,小A又要去同一个地方出差,而且同行的还是上次那位上司。自从上次出差回来后,小A根本没机会与那位上司说上话。看来上司对小A有些不满意。

怀着略微紧张的心情，小A迎来了出差的那天。两人乘上列车，坐在指定的座位上后，小A用一个提问开启了对话。

"部长，您进公司后就一直做销售吗？"
"没有，我进公司的时候还不是销售。"
"哦，那您一开始在哪个部门呢？"
"研发部门。"
"那您当时是在技术类的岗位吗？"
"没错。"
"还真没想到呢。"

对话就这样自然而然地进行下去了，不知不觉列车就抵达了目的地。小A提出问题，部长回答，小A再根据部长的回答继续提问。如此往复，对话当然能持续下去。不会像上次那样，不仅找不到谈话的切入点，还因为精神极度紧张导致身心俱疲。这次小A甚至能与难以相处的上司谈笑风生。

其实，在经历上次的失败之后，小A就针对如何与人对话做了些功课。这次小A就用了"从过去提问"来推进谈话，效果颇佳。

之后的章节中会说明如何提出这类问题。

而且，在交谈过程中，上司的心情逐渐转晴，对小A的印象也逐渐改善，当然这都是提问的功劳。理所当然，小A在出差地的工作也进展顺利。

等第二天去公司时，小A明显察觉到周围的气氛不太一样，上司对他的态度柔和了许多。出差前小A总感觉上司为人冷淡，似乎还有意忽视自己，今天上司却前所未有地主动找自己谈话，说工作中遇到问题都可以和他交流。

由此可见，掌握正确的提问技巧，会给上司留下较好的印象。

单纯地说教,无法赢得尊重

有些人只会在说教时才和他人交流

在公司中,有些人不只与上司交流困难,与下属谈话也不轻松。

小B的下属平常不怎么和别人说话,总是一个人默默地工作。这位下属也不怎么和作为上司的小B交流、汇报,经常一个人自顾自地推进工作,有时还会造成难以挽回的损失。

小B多次提醒这位下属,要多跟自己汇报工作,可对方只是静静地听着,既不回答也不反馈。可能对方的性格就是如此。

但这样很难共事,因此小B总想着能和这位下属多交流交流,可一直不太顺利。

如此一来,小B便只有在单方面说教的时候才有机会和对方说话。

"喂，你有空吗？"

小B叫住一如既往沉默寡言的下属。

"我之前就和你说过，文件拿出来以后一定要放回原位，不然别人再用就找不到了。我今天浪费了一早上的时间找这份文件。本来以为找不到了，结果在你的办公桌上找到了。你现在不需要了吧，那就赶紧把文件放回去，省得给别人添麻烦……"

下属低头不语。

小B以为对方没有理解自己的意思，于是继续说教。最后只剩下小B一个人在说话，而下属的表情更阴沉了。**这样的方式别说交流，连对话都算不上。**

小B不禁在心里嘀咕，这个下属怎么那么难相处，自己那么拼命地提醒他，他怎么一点儿也听不进去。小B认为双方无法交流，都是下属的错。

但事实并非如此。

小B的说话方式也是有问题的。

💡 利用提问获得年轻人的尊重

实际上,让本就沉默的下属变得更寡言的是小B。

当小B意识到是自己的问题时,便及时改变与下属的相处方式。

"对了,你上次写的材料,部长表扬说写得真不错。"

"你昨天也是坐末班车回家的吗?努力工作是好事儿,但也别太勉强自己。"

"仔细一看,你的字写得不错呢,之前有练过吗?"

首先要多说一些表扬和肯定对方的话,认可下属的努力。之前小B从未说过这些,只知道盯着缺点,一味指责对方。小B身为上司,自然更倾向于关注失误和缺点,可这种指责说多了,谁听了都会不舒服。

接下来可以这样引出话题。

"对了,我可以问你一些关于这部分资料的问题吗?"

"可以。"

"到这里还没什么问题,但这里我感觉有些奇怪,你当时是怎么考虑的呢?"

"这个……"(对方稍微沉默了一会)

"……"(静静等待对方说话)

"我也觉得有些不通顺,但我觉得内容比行文更重要,才这么写的。"

"也是,这部分内容的确重要。好的,那就这么写。"

"谢谢您。"

"知道你有认真思考过这方面的问题,我就放心了。"

"抱歉,是我没有解释清楚。"

为何这次的对话如此顺畅呢?因为小B使用了"借夸奖名义的提问"。他适当保持沉默,认真等待对方的发言。在之前的沟通中,小B根本不等对方回应,只顾着单方面说教,根本无法进行正常的交流。

面对沉默寡言的下属,重要的是尽力营造让对方开口的氛围,还要牢记在沟通中"多倾听下属的想法"。

本书将详细说明其中的诀窍。

说话太直接，得不到他人信任

有些人上来就直奔主题

入职公司不到一年的小C，今天独自前去拜访客户，与客户沟通今后工作的开展情况。之前几次都是上司带着小C一起拜访，这次是小C第一次单独拜访这位客户。

虽然客户和上司闲聊时看上去很融洽，但他在公司里是出了名的不好对付。上司曾多次叮嘱小C，工作千万不能失误。小C不由得担心，独自面对这样的客户，自己能说得出来话吗？在见面之前，小C就已经处于过度紧张的状态了。终于，小C和客户见面了。

"今天请您多多关照。"

小C用几乎微不可闻的声音打着招呼。作为一个彻彻底底的社交恐惧症患者，此时的小C已经满头大汗了。

"哦,你好啊。"
"……"(要赶紧说点儿什么)
"……"

沉默突然降临。小C多么希望自己能像上司那样闲聊几句,然而就是张不开口,而对方也在等着自己。

"您百忙之中抽出空来,我们就直接进入正题吧。"
"……"
"这是我们的资料,还请您过目。"

小C就这么自顾自地开始说明,中途他偷瞄了客户几眼,发现对方面无表情,看不出什么态度。但他又不能停下来,只好硬着头皮继续说下去。

"……大概就是这样,您意下如何?"
"嗯,我们会考虑的。"
"让您费心了。"

会议就这么结束了。
但当天下午,客户就打电话给上司投诉,希望更换对接人员,小C自然被上司训斥了一顿。

💡掌握闲聊的技巧,抓住对方的内心

半年后,小C一雪前耻的机会来了。当天,负责与那位客户对接工作的上司因急事不得不离开,于是小C就代替上司前去拜访客户。

"好久不见。"
"怎么是你啊?"

客户露出了明显的失望表情。不过,这次小C有了应对的诀窍。

"上次是我失礼了,给您添了不少麻烦。我许久没来拜访您了,请问前面街道两边种的树是樱花树吗?"
"对,到了春天风景还不错。"
"希望到时候我还能有机会过来欣赏这幅美景。"
"确实值得一看。"

与之前相比,对话明显丰富了许多。小C吸取上次的教训，掌握提问技巧，以自己的失误作为闲聊的切入点。一旦能顺利开始闲聊，人就不会那么紧张，对话自然能进行下去。心情放松后，也就可以从容自若地推销产品了。

小C使用的"观察后提问"的方法，在之后会进行详细解说。在这里想让大家明白，即便总是紧张得说不出话来的人，也能轻易掌握这种方法。

客户清楚地感觉到小C的变化。于是，小C又回到对接岗位，当然也重新获得了上司的信任。

最重要的是，小C通过提问，成功与不好对付的客户搭上话，并且获得对方的认可。希望你也能掌握这个技巧。

无意识地沉默，关系只会越来越远

🎐 有些人会让令人窒息的沉默保持许久

学生小D正在暗恋一个女孩子，对方和他在同一个地方打工。她是个开朗直爽的人，和谁都能打成一片。小D想约她出去玩，可因为自己性格内向，怎么都开不了口。

某次中午休息，她在闲聊中说想坐车出去兜兜风。小D一听，趁机邀请她："下次我们一起去吧。"没想到对方居然同意了。

小D约到了心仪的女孩子，便兴高采烈地租好车，等待约会那天的到来。

但小D很担心自己嘴笨的问题，他没有信心单独和女孩子聊天，也不知道在车里应该说些什么。就这样，惴惴不安的小D迎来了约会那天。

"去哪里好呢？"

"去哪里都行呀，就去你想去的地方吧。"

"那去海边怎么样？"

"海边？可以啊！"

于是两人先向着海边驶去。出发点距离海边还有一段距离，这期间，小D一直在烦恼应该说点儿什么话题，活跃车内的气氛。女生看到小D纠结的样子，觉得开车时还是不要聊天比较好，以免分心，于是擅长聊天的她也保持沉默。

令人窒息的沉默一直持续着。

夏天的海边总是人潮拥挤。小D好不容易摆脱堵车，可谁知又在停车场排起长队。最后，两个人只在海边餐厅吃了顿饭，又立刻踏上归程。

小D开了一路的车身体已经疲惫不堪，精神上也颇为劳累。他一直在烦恼接下来该说什么话，精神处于紧绷状态，光是找话题就已经让他的大脑过载了。

看着小D疲惫不堪又无心交谈的侧脸，女生觉得有点儿无聊，连下次见面的话也没说，两人就分开了。

好问题可以活跃气氛

一个月后，小D挽回自己名誉的机会来了。他从上次失败的约会中吸取教训,掌握了必胜法则。

"我这里有两张新出的甜点免费试吃券,要不要一起去?"

这次小D约女生在咖啡厅见面。对方稍微犹豫了一下,还是同意了。
来到咖啡厅后,小D一边吃甜点,一边和她交谈。

"你现在在大学里有参加社团吗?"
"嗯,算是参加了网球部吧。"
"算是?"
"对,我不怎么参与社团活动。"
"那你之前打过网球吗?"
"没有,上大学后我才接触的网球。"
"那高中的时候呢?"
"高中啊,说起来还怪不好意思的,我是科学部的。"
"哇,是吗?"
"你难道不觉得喜欢做实验的女生很奇怪吗?"
"怎么会呢,我也是理科生。"

"哦。"

"那你们会做什么实验呢?"

之后,两人围绕着女生过去的经历讨论得火热。与上次开车兜风完全不同,这次约会非常充实。小D第一次知道,原来和喜欢的人聊天是这么开心。因为对话很顺畅,他再也不用绞尽脑汁找话题了。看到小D自始至终都非常放松,女生的心情也变好了。

"我还是第一次和男生聊得这么开心呢。以后有机会的话,还能一起出来吗?"

"当、当然可以!"(太好了!)

这里小D使用的是"让人产生亲近感的提问",之后我会详细说明。

不擅长和人打交道，容易陷入社交僵局

♪ 有些人与派对格格不入

"我根本就不喜欢派对。"

小E一个人无聊地站在角落里嘟囔着。

今天他受朋友邀请参加立式派对，可来了后发现没有认识的人，情况未免有些尴尬。

在这种情况下，如果是喜欢社交的人，自然能轻松与别人搭话，结识新的朋友。可是小E不擅长社交，他也不知道和素不相识的人聊些什么。

于是他只能一个人默默地取餐，默默地站在角落里进餐。当然，中途偶尔也有人过来搭话。

"你一个人吗？"
"对。"

"今天派对还挺热闹呢。"

"没错。"

"……那我先告辞了。"

好不容易有人来跟小E搭话,对话却完全进展不下去,只能草草结束。

小E也不知道能做些什么,只能无所事事地等待派对结束。邀请小E参加派对的朋友,看着这样的小E,感到很愧疚。

在朋友看来,小E平常不擅长和人打交道,所以总希望他能和别人多接触。难得有这样的机会,可惜他没能好好利用。

当然,朋友也不希望小E勉强自己随便和别人聊天,但至少尝试着去说一些符合当下愉快氛围的对话。

小E那天没能做到。

💡 改变一下提问的方式,延续初次见面时的对话

有一点小E想错了。他一直以为和不认识的人说话,需要自己说一些有趣的话来活跃气氛。这就让自小就不擅长聊天的小E,更难在派对上和人说上话了。

事实上并非如此。即使是不善言辞的小E,也可以掌握方法,让他在和陌生人的聊天中打破僵局。小E学会这种方法后,又一次来到派对现场。这次他稍微鼓起勇气,和一个落单的人聊天。

"你今天一个人吗?"
"是的。"
"是吗?我今天也是一个人。"
"哦。"
"你是受朋友邀请来的吗?还是有别的原因?"
"是××邀请我过来的。"
"××吗?我也有幸和他聊过几次。"
"你们认识呀,我和他认识挺久了。"
"他是个亲切的人,对我很照顾,我非常尊敬他。"
"嗯,确实有许多人仰慕他。"
"话说回来,上次见面的时候,发生了这样一件事……"

小E聊得很顺利。在旁人听来,他俩的对话实在不像是第一次见面的人会有的对话。真想让小E的朋友也看看他和陌生人谈笑风生的样子。

之后小E和对方交换了名片，对话顺利延伸到工作和生活上。特别是他们知道对方也养猫时，对话的气氛更融洽了。

因为两人在工作上也能互相来往，双方便约好下次再见面。

提出好问题不仅能吸引他人，也有可能带来机遇。

小E在与第一次见面的人的交谈中，使用了"寻找共同点的提问"。本书将会详细说明这个诀窍。

重要场合大脑空白,错失宣传良机

有些人什么都不准备就来了

每天忙于找工作的小F今天要去参加面试。小F非常不适应面试的场合,每次都因为紧张,导致发挥失常。回答面试官的问题已经让他筋疲力尽了,根本无法好好展示自己的能力。结果每次面试都会以失败告终。

此时,小F来到了今天的面试现场。因为中途迷路,他急匆匆地踩着点到达面试的公司。小F调整着呼吸,在前台办理完手续。

面试终于开始了。今天是集体面试,五个人一组。从左侧的面试者开始依次回答问题,小F是第五个面试者。他依旧很紧张,但在前面的面试者回答的间隙,他可以思考自己的答案,心里稍微轻松了一些。

面试进行到最后,小F也顺利做完自我介绍。"今天应该能通过!"小F正在心里给自己打气,紧绷的神经稍微有些放松,就在这时,一个问题突然向他飞来。

"最后你们有什么要问的吗?这次反过来,从另外一边开始提问。"

面试官说着点名要小F提问。

"我、我吗?"

突然被点到名字,小F难掩慌张。

"哎呀,这个……"

如果能问出一个惊人的问题,面试官一定会对自己更加满意。小F想着,却紧张得大脑一片空白。面试官一直盯着自己等着提问,旁边的面试者们似乎也偷偷看着自己。如果不提问,场面就会僵持下去。这么一想,小F就更紧张了。

"那么,请问贵公司的主推产品是什么?"

小F只顾着想问点儿什么，却问出了糟糕的问题。这个问题只要稍微查一下就能知道，结果小F偏偏问出了口。面试自然是没通过。那么，提出怎样的问题才合适呢？

好的提问能影响周围人

过了一段时间，小F接到另一家公司的面试通知。这次他给自己留出了充足的时间，心态比较放松。这次同样是集体面试。

面试开始后，依然是每个人轮流回答问题。小F也冷静地作答。

接着，上一次碰到的问题又出现了，同样地，面试官问面试者有什么问题想问。

与上次不同的是，今天的小F认真准备了问题。只要事先做好准备，无论小F的社交恐惧症多么严重，都能冷静应答。

"贵公司的后方有一个石碑，上面写的名字与贵公司的名字是一样的，请问两者之间有什么关系吗？"

碰到意料之外的问题，面试官也有些惊讶。

"石碑？我们这还有石碑吗？"

接着，面试官旁边一直沉默不语的年长男性开口了。

"上面写的是创始人的名字，他以前是这片土地的所有者。"

"所以才和贵公司的名字是一样的。"

"没错，没想到你能注意到那么小的石碑。"

"我来得早，就在附近稍微转了转，那个时候偶然看见的。"

接着，年轻的面试官也笑着说："那我之后也去看看。"其他面试者也对小F投来钦佩的目光。

严肃的面试现场气氛即刻缓和，小F肩上的压力也瞬间卸下，回答问题也变得更加自然。后来，面试自然是顺利通过了。

小F使用了"彰显差异的提问"，入职后也通过提出好的问题，在人际交往中没有遇到太大的困难。

原本不擅长提问的人，好好利用提问方法，也可以成为强大的人。

会上未做发言准备，评价会降低

有些人害怕引人注目

会议本就是让大家交流意见的地方，可实际上，大多数情况下都是极少数的人发言，其他人只是默默地听着。会议的主持人会尽量让更多的人发言。

"小G，你有什么问题要问吗？"

小G总是默默地听大家的发言，突然被主持人点名有些紧张。他略作思索，谦虚地回答。

"我没什么要问的。"
"不可能没有吧，问什么都可以，试着问问看吧。"

小G感觉大家的目光都集中在自己身上，不由自主地低下了头。

"这个……"

小G以为不主动举手发言就万事大吉,所以有些掉以轻心,导致现在被问得措手不及。说到底还是他没有做好发言的准备,无法应对突如其来的情况。

最终,直到会议结束,小G都没有提任何问题。

小G本想着在会议上保持低调,尽量不引起他人注意,结果事与愿违,自己反而成为今天会议上最引人注目的人。

而且是用最糟糕的方式引人注目。从那以后,上司和同事看向小G的目光仿佛在说,这人不仅性格内向,工作能力也不行。

仅仅是没能在会议上提问这点儿小事,居然让人那么痛苦,小G想着一定要做点儿什么。

小G从小就不擅长当众发言,他小时候天真地以为,长大后自然而然就能做到小时候做不到的事情。

但现实没那么简单,做不到的事无论过去多少年都做不到。

用尖锐的问题,让周围人刮目相看

这天的会议上,当议题都讨论了一遍后,主持人问:"还有人有问题吗?"这时,一个人立刻举起手,正是小G。

"我可以问一个问题吗?"
"请说。"

小G提出的问题很尖锐,立刻引起大家激烈的讨论。从这天以后,小G不再是以前那个大家眼里提不出问题、唯唯诺诺的小G了。上司开始信任他,下属也都钦佩他,他逐渐成了公司里不可或缺的人。

小G之所以改变得如此之多,是因为使用了"**扭转现场气氛的提问**"。之后本书也会详细说明。

正如上文所说,能否在会议中提出好问题,关乎周围人对你的评价。即便是职场新人,也不代表沉默是金。

如果你至今为止从未在会议上主动提问,那你的处境相当危险。参加会议却不发言,容易降低周围人对你的评价。在会议等场合,什么都不做对你只有坏处,总是因害怕被提问而畏畏缩缩对你的精神健康更无益。可反过来说，如果能提出好问题，周围人对你的评价就会提升。

但是自己这样内向的性格，在会议上主动举手根本不可能……

你或许会为此担忧。不过请放心，只要你提出一个个好问题，周围人就会不断回应你。哪怕只是提出一个小小的疑问，之后完全保持沉默也没关系。你作为话题的发起人，在那个环境中已经得到了他人的认可，接下来只要堂堂正正地倾听周围人的谈话即可。

重要的是提出怎样的问题，而举起手只不过需要一点点的勇气。

希望你读完本书后，可以成为在会议上提问的人。

过度在意他人看法,没勇气举手提问

有些人畏惧他人的目光

小H是个热爱学习的年轻人。日常生活中,只要遇到对工作有用的书,他就会立刻买来读完,也经常主动收集新的信息,开拓自己的思维。他还喜欢参加一些演讲会和研讨会,这些场合演讲者都会和听众直接交流。

这天,小H和往常一样参加了一次演讲会。那位演讲者是小H一直想见的人,他也很喜欢这位演讲者写的书。演讲的内容非常精彩,小H听得很满足。

但后来发生了一件让他的情绪略打折扣的事情。

演讲结束后,演讲者环顾会场,问道:"有人要提问吗?"遗憾的是,现场并没有人举手提问。突然听到要提问,人其实没那么容易站出来。在现场大约50人面前举手发言,还是稍微需要一些勇气的。

当然,小H也没有举手。其实他有一个问题想问,可他不知道自己的问题是否得体。他怕自己的问题会冒犯对方，最后还是没能鼓起勇气提问。

演讲者原本还在期待回答大家的问题，见状只好失落地结束了演讲。小H见此情景，不禁觉得过意不去。演讲者的演讲很好，是自己没勇气把感想告诉对方，对此，小H感到十分惭愧。

如果当时自己能提出好问题，演讲现场的氛围会更好吧。这样一来，演讲者、听众，以及小H自己都能获得更充实的体验。

而且，通过提问多少能有机会与演讲者说上几句话。说不定还能稍微拉近与崇拜的演讲者的关系。可是，在当时的情况下，应该问什么样的问题呢？小H完全不知道。

在听众面前说"谢谢你的提问"

一年后，那名演讲者再次举办了演讲会。小H立刻报名参加。

当天，小H一开场就进入会场，坐在第一排的位置。这次参加演讲会的人也超过了50人。时间一到，演讲开始。不愧是第一排的座位，参与感极强，耳边就是演讲者清晰有力的声音，内容也比去年更加丰富。

演讲结束后,演讲者与去年一样问道:"有人要提问吗?"话音刚落,小H就举起了手。

可能因为今天坐在最前排,小H听得格外专注。认真听讲后,自然产生疑问与亟待确认的地方,小H把这些都详细记录了下来。

被点名后,小H便站起来提出自己的问题。面对小H的提问,演讲者充满热情地回答了他。

站在演讲者的角度,听众向自己提问是一件值得高兴的事。这些提问是听众认真倾听自己演讲的有力证明,既不会觉得被冒犯,也不会觉得自己说明不充分。从这个角度来说,演讲者应该感谢提问者才对。

可也不是所有的提问都会让演讲者高兴,其中就有一些演讲者不愿意回答的问题。演讲者已经是成年人了,面上不会表露出不满,内心却希望对方能提出更像样的问题。

以此为标准,小H的提问属于值得回答的问题。当演讲者感叹"居然能问出这样的问题"时,就会很乐于回答提问。听众听到别人问出自己想问的问题时,也会感到高兴。

回答完问题后,演讲者对着小H露出微笑,高兴地说:"谢谢你提出这么精彩的问题!"这就是"让人感谢的提问"带来的成果。

演讲结束后,小H上前与演讲者交换名片。演讲者自然记得小H,还对他说:"你的问题提得很好,让演讲的内容更加充实了。"小H听了非常高兴。

他希望借此机会拉近自己与演讲者的关系,还打算根据演讲者名片上的邮箱地址发一封邮件,说明自己对今天演讲会的感想。

无法掌握交流主动权,能力得不到认可

有些人不擅长与年长者交流

小I做销售已经一年了,今年春天换到了新的部门。在之前的部门,小I的客户群大多与他年龄相仿,而他现在的客户群都是老年人,他不得不硬着头皮和爷爷辈的人打交道。

即便如此,小I依然天真地以为销售的工作不会有太大变化,结果第一天就遭受严峻的考验。

"您好,我是新来的小I,负责和贵公司对接。"
"又换人了?你们公司负责人换得很频繁啊。"
"不好意思。"
"那你比之前那人能干吗?"
"这个……"
"哎呀,工作能力不强可不行啊。那我考考你,你说说最近的五个总理大臣①叫什么?"

"……"(怎么可能说出五个人!)

最终,小I一直被这位年长客户的节奏带着跑,销售工作也没法顺利推进,只好失落地回到公司。他感觉这位客户跟自己的爷爷不一样,根本不按他的计划走。

其实也正常,毕竟对方是已退休的前高管人员,不久前还管理着几百人的团队,与刚开始做销售的小I完全不同,两者无法进行平等对话。小I之前负责的客户都是年龄和经历相似的人,这下,他开始对自己的销售工作感到担忧。

年长者知识丰富,兴趣爱好和年青一代完全不同。只要你工作解释不到位,对方立刻就能看穿。不仅沟通工作时如此,闲聊时也一样,完全没有能说到一起的话题。

小I想到以后都必须和这些年长的客户打交道,便烦恼不已。

---

① 总理大臣:日本内阁首脑的名称。

💡面对任何人都要掌握主动权

现在的小I和之前不同,变得更加自信了。之前一直让他烦恼的事情,现在的他也想到了解决的办法。

今天他想检验自己的猜测,便前去拜访之前那位让他说总理大臣名字的客户。

"您好,好久不见。"
"哦,你又来啦,我还以为你不会再来了。"
"我可没放弃呢,"小I笑着说,"话说回来,我看玄关附近比上次鲜亮许多,原来是杜鹃花都开了。"
"是啊,我每天都打理着呢。"
"您还养了别的植物吗?"
"好多呢,一起去看看?"

说着,小I被带到了院子里。

"哇,好壮观!全都是您养的吗?"
"对啊,毕竟我时间很多。"
"这些花真好看!是什么品种呀?"

对话的气氛越来越活跃，小I自己也很震惊，没想到他能如此平等地和这位难相处的客户交谈。让他更震惊的是，他自己也在享受对话。

没错，在这段对话中小I使用了"沟通的提问"。

当然，之后我会详细说明。我只是想让各位知道，使用不同的提问方法，有时也可以让你与完全聊不来的人进行友好对话。

既然聊得那么开心，谈工作也更容易了，小I的销售业绩也迅速上升。

第一章 七个步骤，吃透过去询问法

提出好问题的诀窍是询问过去

一招解决不知道说什么的烦恼!

大家在与人交谈的过程中,什么时候让你最烦恼呢?

应该是慌忙寻找话题的时候吧。每到这时,我都会用"提问"来化解危机。

不过,并非毫无准备地胡乱提问。

提问有一个诀窍,当然不可能百分百灵验,可大多数情况下都会有效。

因此,本章将讲述如何利用这个诀窍尽快解决"不会提问"的烦恼。

这个诀窍就是,询问过去。

提问大体上分为三种,分别是关于"过去""现在""将来"的提问。

比如以下三个问题。

"你的第一辆车是什么车？"（询问过去）
"你现在开的车是什么车？"（询问现在）
"你以后想买什么车？"（询问将来）

同样是关于汽车的问题，可以分为上述三类。

在销售场合中，倘若销售人员能用对提问的类型，就能知晓客户的心声。而汽车销售人员最想知道的，便是最后一个关于未来的提问。知道客户以后想买什么样的车，更容易推销商品。

然而在实际对话过程中，当客户突然面对有关未来的提问时，往往说不出答案。

因为他们很难回答。

人就是这样，突然面对跟未来有关的提问时，根本无法立刻回答。

因此，在销售场合中，需要销售按照过去、现在和将来的顺序依次提问，最终让客户轻松回答出有关未来的提问。只有这样，销售员才能取得业绩。

强调过去让对话进展顺利!

此外,当人突然听到询问未来的问题时,不免感觉不舒服。

"为什么要问以后的事情?是不是有什么企图?"

如果是上文中的汽车销售人员突然问:"您以后想买什么车?"客户自然能感觉到对方的意图,不会坦诚回答。

因此,理论上应该先从过去开始提问。可现实情况是,还是有很多心急的销售人员一上来就想从未来问起,业务自然不见成效。

又比如公司里平常没怎么说过话的前辈突然问你:"下周日有什么安排?"你回答时也会稍有犹豫。

甚至会**保持警惕**,思考对方是不是有什么事找自己,会不会邀请自己去不想去的工作聚餐等。

因此,在生活中要避免提出关于未来的问题。

在阅读本书之前,你一定也在许多场合中使用过有关过去和未来的提问。如果你以前对此毫无意识,以后要注意分情况使用,这会成为你强有力的武器。

目前我只举了一个例子,但询问过去还有许多别的益处。

我将在后文中按照7个步骤的顺序依次解说。

步骤1　按时间顺序提问，对方好回答

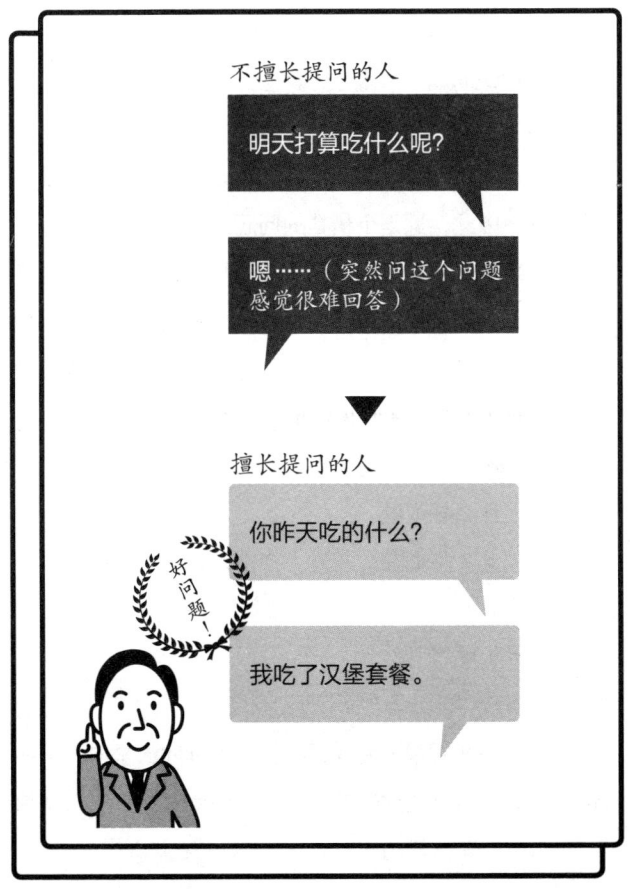

第一章　七个步骤，吃透过去询问法

我在研讨会上演讲时，经常有听众问我。

"明天中午你打算吃什么？"

听到这个问题，大多数人都会露出不解的表情。
心里则想着，为什么突然问这个？
正如前文所说，人突然面对关于未来的问题时，通常很难回答。因此，这是个糟糕的问题。

大多数人无法决定明天的午饭吃什么，也不会去考虑这件事。听到别人询问自己完全没考虑过的问题时，自然不得不强迫自己去思考。说实话，这多多少少会让人觉得烦躁，同样也要花费更多的时间。

这样的提问不仅令对方不快，有时也无法得到答案，实在算不上什么好问题。

既然如此，不如在此基础上换个问题。

"你昨天吃了什么？"

这个问题相对来说更好回答。因为询问的是前一天的事情，不会给对方造成额外的负担，因此对方能很快地给出"汉堡套餐"这样的答案。

听到这个回答后,可以继续询问。

"那你今天吃了什么?"

这个问题也很好回答。就当对方回答吃了拉面吧。接下来是下一个问题。

"昨天吃了汉堡,今天吃了拉面。那你明天打算吃什么呢?"

再次提问与明天有关的问题,但这次更容易得出答案。

"嗯,明天吃一些清爽的日料吧。"

与其突然提出有关未来的问题,不如像上文一样,先询问过去和现在,然后再询问未来,相较之下这样更容易得到答案。

过去的事情都是人们经历过的事情,大脑已经记住。**询问过去就是围绕已经记住的事情提问,因而容易回答。**

接着,询问现在是从询问过去延伸而来的。在这个例子中,有关午饭的提问会在对方的大脑中形成一条线,既然有了从过去到现在的部分,再延伸到对未来的想象就会更容易一些。

之后再询问未来。未来的事情是还没有发生的事情,大脑中没有记录。而回答大脑中没有记录的事情需要思考,比如明天的午饭。要是没有特意考虑过,突然开始思考,会给人造成一定的负担。没有人想问出让人讨厌的问题,因此要通过询问过去和现在来铺垫,再问出接下来的问题。

"你小时候有什么爱好吗?"
"你上周忙吗?"
"你之前什么时候感冒的?"

这些都是关于过去的提问。当然,每个人都有不能触碰的过去。除此之外,询问过去很容易得到答案。

先问对方能立刻回答的问题,让对话顺利进展下去。因此,在交流中要有意识地使用过去询问法。

步骤2　找寻对方的兴趣点，话题持续不冷场

和别人相处时，你是否有时候不知道和对方聊什么？

想说点儿什么，却又不知道说什么，一直保持沉默又觉得尴尬。这种难熬的时刻，正是提出问题的好时机。

害怕沉默的人此时容易犯的错误，就是在自己的脑海中寻找话题，思考有什么可以聊的。

可往往又想不出什么好的话题。就算绞尽脑汁想出了话题，对话也很难继续下去，经常是聊了几句就又陷入沉默。

"马上就到节日庆典了。"

"是吗？"

"我还挺期待的，希望今年的庆典我能去抬神轿。"

"哦。"

"……"

无论自己觉得这个话题多么有趣，要是对方不知道或者不感兴趣，对话就无法继续。

此时，就该提有关过去的问题了。

"话说回来，你上周末过得怎么样？"

"我去钓鱼了。"

"哇,你还钓鱼呢。"
"也就最近几年才开始的,我还挺喜欢的。"
"是吗?你一般去哪里钓鱼?"
"一般都去海边,上周去了伊豆。"
"原来是海钓,成果如何?"
"是我有史以来收获最多的一次。真的很多,你听我讲……"

话题聊到这里,你就不需要再烦恼了,因为接下来对方会自己开始说。询问过去可以让对话进展顺利。

除此之外,还可以用别的问题。

"最近你看过什么好看的电影吗?"
"今年你吃过最好吃的是什么?"
"你最近和谁一起出去玩了?"

关键在于提问时需要引导对方说出他的兴趣爱好,千万不要说自己的事情,要将话题的中心转移到对方身上。

这样会让对方觉得聊起天来比较轻松。毕竟大家在说自己感兴趣的话题时,都会说得比较多。对方说得越多,越会乐于继续交谈下去。

所以要记住,不要从自己的脑海中寻找话题,而要从对方的脑海中寻找话题,提出有关过去的问题,可以轻易找到答案。

如此一来,你就不需要烦恼怎么找话题聊天,也不会陷入尴尬的沉默中。就算面对第一次见面的陌生人,也能立刻展开对话。

越是碰到让你紧张的人,越要记住对话应该以对方感兴趣的话题为中心。

步骤 3　关注对方想法，打开话匣子聊不停

与年长者沟通时,有时候根本聊不下去。不仅聊不到一起,而且年长者的知识储备和经验更丰富,自己很难引导谈话。只能任凭对方谈天说地,自己也会因此疲惫不堪。

尤其是面对年长客户的年轻销售人员,以及按摩师、护理人员等群体,他们经常会有这种烦恼。两个人单独相处很长时间,聊天却进行不下去,对彼此都是一种折磨。

此时,最好能提出有关过去的问题。

"您以前是做什么工作的?"
"我以前也从事销售工作。"
"是吗?是哪方面的销售?"
"我以前在证券公司做销售。"
"这样啊。"
"是的,我年轻时也是每天都出去开发新客户。"
"那时很辛苦吧。"
"当时我很拼命,辛不辛苦倒是忘了,不过业绩一直名列前茅。"
"那您很厉害呀!"
"那时候工作量很大,我每天都坐末班车回家。"
"可您还是很厉害呀!您是怎么做到业绩这么

好的?"

"就是和客户打好关系。"

"原来如此,要怎么做才能和客户打好关系呢?"

"这是有诀窍的……"

如此对话便能持续下去。

其实刚才的提问不仅是有关过去的问题,还是与对方本人过去有关的问题。人在谈论自己时,很容易变得健谈。因为当他人对自己感兴趣时,人就会感到高兴,甚至还会笑着说出别人没有询问的内容。

如此一来,就不用为聊天话题而烦恼了,甚至还能和他人更加自如地交流,工作也越来越顺利。

尤其是年长者,他们经历得多,人生经验也丰富。当年轻人询问他们过去的经历时,他们自然会高兴得不得了。

"您为什么选择了这份工作?"

"为什么您要换工作呢?"

"您一直做这份工作的原因是什么?"

诀窍是要关注对方做出某种决定或者判断时的想法。不要关注跳槽本身,而要询问对方打算跳槽时的心态变化,对方自然乐意打开话匣子。

从这个角度提出问题,就不需要勉强自己迎合谈话,而是让对方讲述,自己只需颇有兴趣地倾听即可。

除了工作上的问题,还可以询问有关战争、文化、兴趣和特长等问题。务必记住,要询问有关对方本人的过去。

步骤4　思考时间给足，气氛不会僵硬

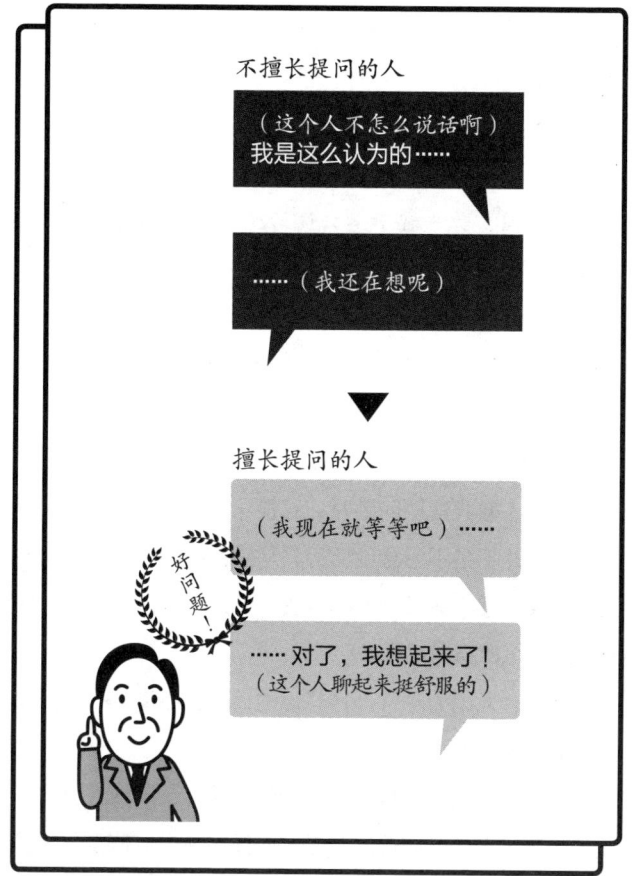

再沉默寡言的人，也希望能在别人面前谈论自己的想法。

我就遇到过一次。当别人问了我问题后，我居然变得十分健谈了。因为我平常不怎么说话，那次却健谈到自己都惊讶得不行。

那次询问的就是我的过去。

"渡濑，你平常不怎么说话呢。你从小就这么沉默寡言吗？"

"你都做到金牌销售了，为什么辞职呢？"

"你之前经营过设计公司，为什么换到现在的工作呢？"

当别人问我这些问题时，我很乐意跟他们分享。沉默寡言的人并不是不愿意说话，只是对自己说出的内容比较慎重，或者过于顾及对方的想法，又或者说话速度慢，才给人好像沉默寡言的印象。

甚至有人因为平常都将想说的话闷在心里，一旦开口就停不下来。

此外，仅限于我自己的亲身体验而言，沉默寡言的人可能比一般人思考的速度要慢。或许因为说话慎重，思考的时间较长，以至于他还在思考的时候，话题就已经转变了，最终什么也没说出口。尤其是思考与未来有关的话题时，时间会更长。

"你的梦想是什么呢？"
"梦想吗？这个……"（思考中）
"要是想不出来，那谈谈明年的目标呢？"
"目标吗？"（再次思考中）
"要是没有就算了。"
"……"（我还在想呢）

由此也能看出，询问过去能让对话更容易一些。

不过，想让沉默寡言的人开口，还有一个条件。
当自己提出问题，对方回答之后，需要给对方一个明确的信号，也就是说要给对方一个反馈。要不然对方好不容易回答一次就被忽视，肯定再也不愿意回答了。
沉默寡言的人会因过度在意他人是否认真倾听自己的回答而焦虑。想要消除他们的焦虑，重要的是给出反馈，表示自己对他们的话很感兴趣，希望能听下文。
"是吗?!""这样啊!""后来怎么样了？"等反

馈都可以。如此一来，对方才会说得更多。

给出这种反馈后，你再提出有关过去的问题，沉默寡言的人也能给出回答。他们并非不想说话，也不是在回避你，只是他们的即时反应和思考比别人更慢。询问过去能帮助对方理顺说话的逻辑，谈话便会比平常更顺畅。

而且，沉默寡言的人会对巧妙引导自己说话的人抱有好感。如果能让以前不健谈的人觉得对话的氛围很好，他们也会乐于开口。

希望大家能利用好有关过去的问题。

步骤5 提取对话关键词，跟谁都能轻松聊

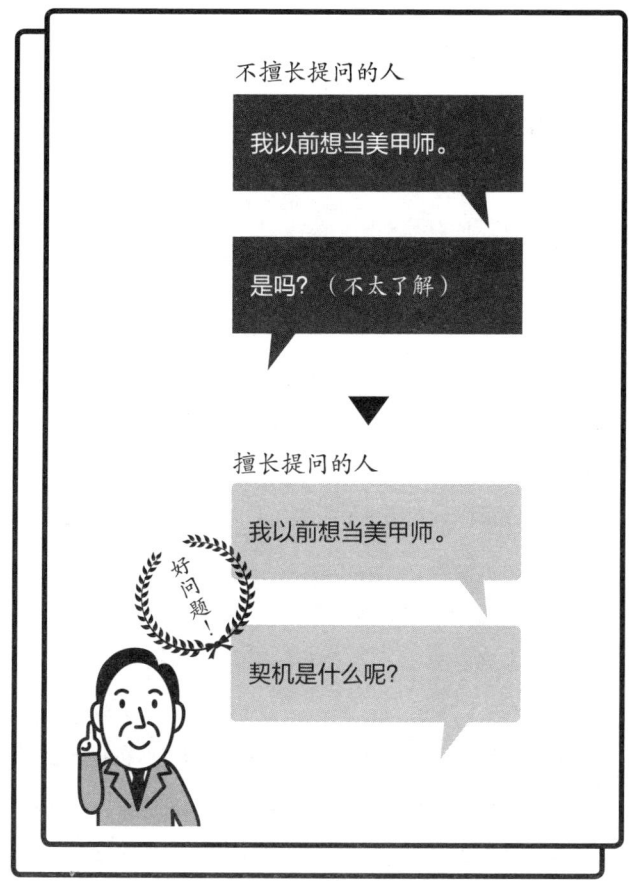

有时,虽然对方回答了你的问题,但对话还是进行不下去。

"今天天气挺暖和的,不需要穿外套吧?"
"对。"
"但好像下午要下雨,你带伞了吗?"
"没有。"
"……"

对话就这么中断了。中断的原因在于,你提出的问题用"是"或"否"就能回答,是封闭式问题。封闭式问题的优点在于对方立刻就能回答,缺点就是对话很难进展下去。

那换成可以让对方自由回答的开放式问题又如何呢?

"你想过将来做什么吗?"
"将来吗?嗯……"(好难回答的问题)

由此看出,不是任何问题都可以问的。有的问题会让对方感到困扰,导致对话中断。

这时就轮到和过去有关的问题上场了。

"你上学的时候想做什么工作？"

"我高中的时候想当美甲师。"

"美甲师！你怎么知道这个职业的？"

"当时邻居家的姐姐就是美甲师。"

"嗯嗯，然后呢？"

"我让她给我做过一次美甲。"

"感觉怎么样？"

"感觉心情立刻变好了，就觉得我也想从事这份工作。"

"有这种经历真不错。不过后来为什么没当成呢？"

"各种原因都有吧。"

"具体是怎么回事呢？"

谈到这里，对方应该就会滔滔不绝地说下去，对话也能继续。

这段对话的关键在于询问过去，并且要提一些开放式问题。因为是关于过去的提问，就算用开放问题也能立刻得到答案，并且不会回答"是"或"否"，而是会告诉你具体的内容。这样你就可以继续提出问题，形成对话。

诀窍是认真倾听，重新利用对方的话。重新利用时，比较好用的便是使用"五W—H",即"When(何时)、Where(何地)、Who(何人)、What(何事)、Why(何因),以及How(怎么做)"。

刚才的对话中,围绕对方说出的关键词"美甲师"提出相关的问题,对话就能持续下去。就算你没有美甲相关的知识,也能继续谈话。不仅聊得开心,对方也觉得你对自己感兴趣才提问,自然会高兴。

不管是和心仪的异性聊天,还是和公司里的上司谈话,当你需要在对话中表示尊重时,都可以使用这个方法。提问时表达出对他们的话题很感兴趣,传达出希望更加了解对方的想法,任何人听到你这样提问都会很高兴。

提出有关过去的问题,就能做到这一点。

步骤6 显示自己的关心,和下属好好沟通

对平常很难搭得上话的人，可以利用提问制造交流的机会。

比如工作中的下属，假设对方性格安静，平常不主动表达意见，也不爱和上司说话。

当然，下属工作是非常认真的，可若他是个难以沟通的人，那么工作对接就很不方便，也无法及时了解他的想法。就算上司想和下属沟通交流，也不知道怎么开口。

偶尔的交流仅限于必要时刻。

"我和你说过文件使用完要马上收拾好。"
"是，非常抱歉。"
"你不放在规定的地方会影响其他人的！"
"非常抱歉。"
"……以后注意点。"
"好的。"

渐渐地，上司只会在提醒和训斥时才会和下属说话。这种情况的交流越来越多。

对于下属来说，这种情况根本算不上交流，他们只会觉得一碰到上司，对方就责怪自己。可以想象，下属肯定会对上司产生抵触情绪。

此时,上司便可以提出与过去相关的问题,缓解糟糕的气氛。

"你之前写的材料客户非常满意。"
"是吗?"
"当时写了多久?"
"大概两个小时吧。"
"只花了两个小时!挺厉害的!"
"也没有。"
"下次能让我看看你是怎么写的吗?我也学习学习。"
"当然可以!"

人若是只关注眼前的事情,难免会挑刺。只要上司愿意将目光投向过去,就会发现他人的优点。在上述例子中,上司在交谈中有意识地问了下属过去的工作。

只不过上司不是真的想知道过去的事情,他真正的目的是想和下属说话。若是想顺利和下属谈话,比较好用的方法便是夸奖对方。

每个上司都希望能多找机会夸奖自己的下属,可事实往往与之相反,他们不得不将说教的一面展现出来。

但是,将目光投向过去,上司就能发现可以夸奖之处。当上司想批评下属时，不要迎头一顿训斥，而要引入过去的话题，先夸奖对方，然后再适当提醒，效果会更好。所以，和下属说话时，注意先提出和过去有关的问题，再切入正题。

下属最害怕的就是上司不关注自己。尤其是性格安静的人，他们希望自己默默努力的身影能被看到。每一个下属都希望上司和自己说话，当然，内容最好是夸奖自己。

当和你交流的是释放善意的下属时，你和他们交流时也能更自如。碰到上述例子中那种难以沟通的下属，最好在对话中多谈论过去，对方一定会敞开心扉。

步骤7 深挖情感表达，快速提升好感

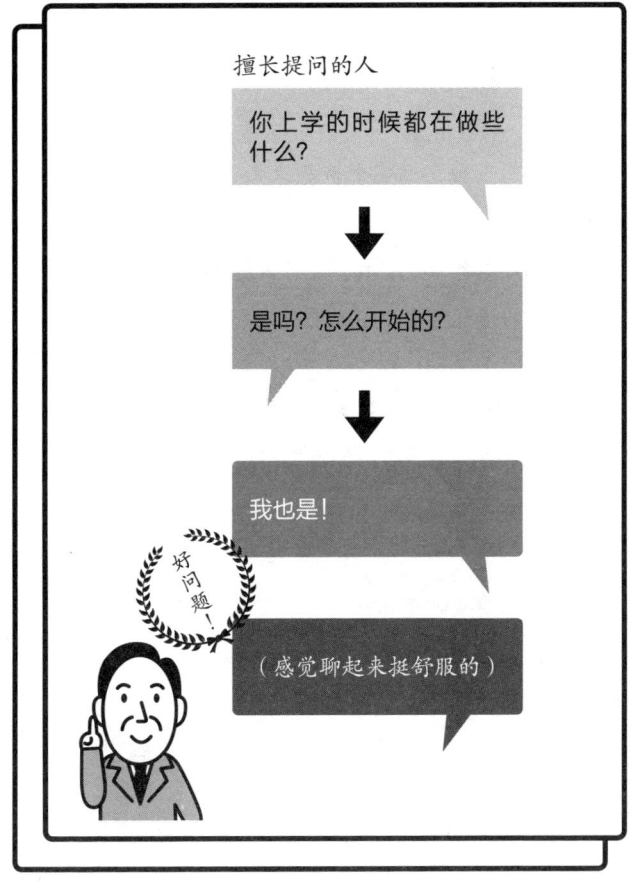

最后我想告诉各位的是,在恋爱中也可以有效地利用过去询问法。

比如当你面对心仪的异性,想表达自己的好感时,有时会选择直接说出口。事实上,因为场合和时机的不同,对方听到后的感受也不同。

(什么?他怎么突然和我表白,我还不知道怎么回复呢!)
(他都不怎么了解我,为什么能直接说喜欢我?)
(他的语气好轻浮,感觉对谁都会上去表白。)

你好不容易鼓起勇气表白,对方却如此揣测自己,最终只好以失败收场。直白的语言有时也是一把双刃剑。

如果换一种方式表达会怎么样?

"你上学的时候都参加什么运动项目呢?"
"我上学时打过篮球和网球。"
"是吗?你什么时候开始打的呢?"
"我初中加入了篮球社,高中加入了网球社。"
"那你为什么从打篮球改为打网球了?"
"我感觉我的性格不适合打篮球。"

"性格不适合？为什么这么说？"

"篮球毕竟是团队竞技运动，有时需要顾及他人，不能太自我。"

"嗯，要考虑其他人呢。"

"对，就算在自己能进球的时候，我也会考虑是不是把球传给队友更好。"

"所以你才选择了个人竞技运动的网球。"

"没错！"

"我理解，我和你差不多。那你的兴趣爱好大多数也是一个人就能玩的活动吧？"

"没错，我从小就不想和很多人一起玩，喜欢自己一个人看书。"

"你喜欢看书啊，那你喜欢哪位作家？"

询问过去可以开启对话。因为是关于过去的话题，即便是开放式问题也很容易回答，然后对话就能进行下去。

接着，围绕对方回答中的关键词（篮球、网球），继续深挖（为什么改打网球）。

如此一来，对话的焦点就会落在对方的过去。他便能感觉到，你对他的过去感兴趣，想更了解他。

这就向对方传达了一个信号，因为在意，才想更了解。

也就是说，面对心仪的异性，向对方提出与过去有关的问题，能委婉地传达自己的好感。

一连串的对话结束后再告白会怎么样呢？对方应该会认真考虑吧？

当然，我无法保证对方的回答是肯定还是否定，但至少可以向对方证明，自己的喜欢是认真的。

面对这样传达好感的人，对方自然会和善地与之相处。如果希望心仪的异性能喜欢自己，就先从询问过去开始吧。

第二章 九大诀窍,锻炼问话力

诀窍 1 提前使用预告语，对话顺畅不失礼

事实上，提问有固定的模式。当你了解这些固定模式之后，提问的难度便会降低，提问的质量也会提升。

希望大家能明白，无论你提出的问题有多好，要是对方没听到便毫无意义。

"足球这项运动，你踢得很好呀，从小就开始玩了吗？"
"嗯？什么？"

突然以"足球"这个词开头，对话也能成立，对于提问者来说，上述对话没什么不自然的地方。

可对于听者来说，要是没听到开头第一个词"足球"，就会不明白对方的问题是什么意思。最后只好反问对方一句，究竟想问哪项运动。你主动地提了问题，对方不仅没有听到，还反问自己问了什么，你连再次提问的意愿都降低了。

尤其是不擅长提问的人，他们会在认真思考后再主动提问，有时更是鼓起了勇气才提出个问题。可听到对方反问自己问了什么时，不免会失落，甚至可能会收回提问，避而不提。

为了避免在提问时遇到这种情况,有效的做法就是利用"预告"。

提问之前,如果能把自己要提问的信号传达给对方,对方便会格外注意你要问的问题。就比如刚才的例子。

"我能问一下吗?"←预告
"什么事?"
"足球这项运动,你踢得很好呀,从小就开始玩了吗?"
"对,我上小学的时候就加入了我们当地的足球俱乐部。"

如此一来,对方便能自然地回答问题。在提问前加一句预告语,这样就可以缓解双方的压力,让交谈顺利进行。

你希望对方回答自己的问题,相当于强行占用了对方的时间,很可能会给对方造成困扰,由此引发的顾虑也是你无法提问的原因。因此在提问之前,一定要考虑到对方的感受,尽量让对方在回答问题时保持心情愉快,让对方觉得自己的回答是有意义的。

反问他人提出的问题，反问的人会觉得很不自在。当然，提问的人也是如此。为了避免提问双方在对话中产生负面情绪，最好能在提问前预告一下。

当你突然想问别人问题时，请尽量提前使用预告语。这是提问的基础之一。

可以用于预告的语句

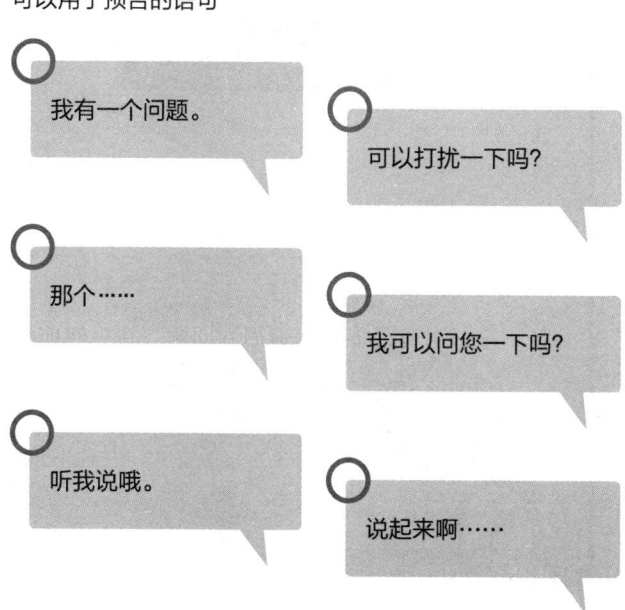

诀窍 2　分阶段提问，让对方快速回话

当你提出问题后,有时候对方怎么也回答不上来,可能是还在思考,也可能是不想回答。但可以肯定的是,如果对方一直不回答,交流就会中断,然后陷入沉默,这样的话,双方都会很尴尬。

人们在提出问题后,不知道对方会不会立刻回答,也不知道气氛何时会变尴尬,内心不免有些焦虑。特别是在没能提出好问题时,恐惧感也会涌上心头。

若想避免过度焦虑,可以先从能轻易得到答案的问题开始提问,也就是对方能快速回答的问题。一旦你知道可以立马得到回复后,便能轻松提出问题。

那么应该提什么问题呢?我推荐以下三种。

・对方知道答案的问题
・不用犹豫答案的问题
・不用思考的问题

无论哪种问题都不会给对方带来负担,都能轻松应答。

首先是第一种,对方知道答案的问题。

"你的钢笔真精致,是在哪里买的呢?"

提问的主体是对方的钢笔。对方一定了解自己拥有的东西,可以断定这个问题属于容易回答的范畴。因此,提问的话题可以围绕对方身上的物品或者四周的环境。

另一方面,正如我之前说明过的,"你今天晚上打算吃什么?"这不是个好问题,因为答案有无数种。

这就要谈到第二种问题,不用犹豫答案的问题。

"今天晚上你打算在家吃还是去外面吃?"

将选项缩小至两个,便很容易得到答案。当你得到答案后,再扩大选项的范围。

"你想吃什么菜系?日餐、中餐、西餐还是意大利菜?"

如此对方也容易回答,这样对话便能顺利进行。最后才能得到具体吃什么的答案,比如"汉堡"。

关键在于要从大分类逐渐缩小提问的范围。

然后是第三种，不用思考的问题。

"你明年的目标是什么？"

突然听到这样的问题，很少有人能立刻回答出来。除非平常就考虑过，不然都会陷入沉思。不仅对话无法继续，更重要的是，对方会因为问题不好回答而感到烦躁。

此时，就可以根据第一章的方法，提出有关"过去"的问题。

先问去年的目标，再问今年的目标，接着按时间顺序问明年的目标。如此对方便容易回答出来。一般来说，让人陷入思考的问题大多是关于"未来"的问题，注意从过去开始按顺序提问即可。

提问不需要一次就得到答案，可以分几次提出问题。

事实上，大多数情况下，分阶段提问更容易让对方回答。所以要先问能轻易得到答案的问题。

诀窍 3　不害怕被拒绝，否定回答也能接话

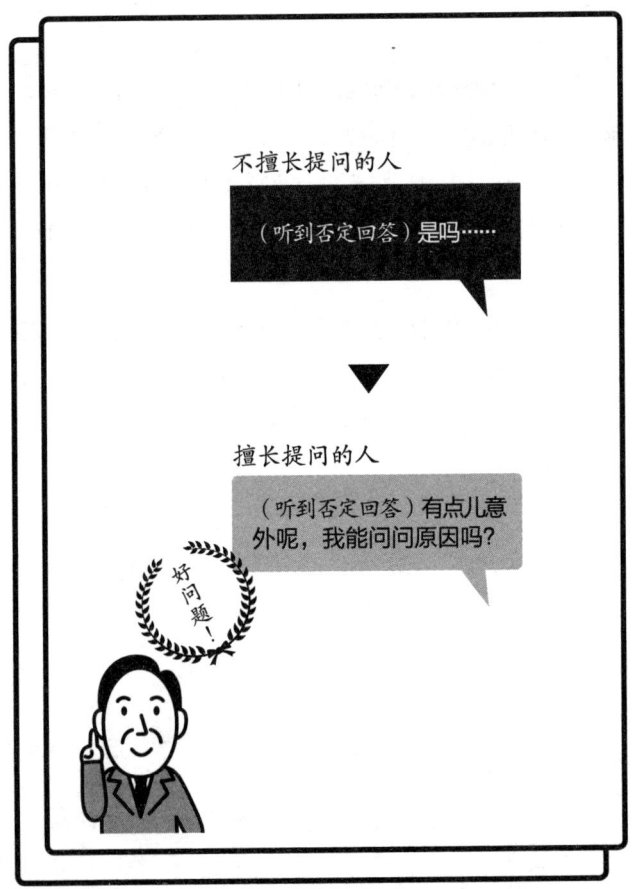

在容易引导对方回答的问题中，具有代表性的便是用"是"或"否"来回答的问题。答案只有两种，因此不需要思考太久，就能给出答案。这就是之前提到过的封闭式问题。

那么让对方说出"是"和"否"中的哪种答案更好呢？

在销售场合中，有一些技巧可以让对方说"是"。

"您更倾向于价格低的商品吗？"

"对。"（是）

"功能也尽量多一些是吗？"

"没错。"（是）

"所以您想要的是性价比高的商品吗？"

"当然。"（是）

"那这件商品就符合您的要求，不知您意下如何？"

"嗯，挺不错的。"

如此一来，在对方重复了几次"是"之后，销售人员在最终销售阶段也能得到"是"的答案。

由此看来，你或许觉得让对方说出"是"更好，可实际上不尽然。当我自己被人推销时，会格外注意销售人员有没有使用销售技巧。如果对方的销售技巧并不高明，我就绝对不会购买,因为我能看出对方在诱导我,使用的基本上是引导式提问。

人性就是这样,别人越是诱导你做什么,你就越会产生逆反心理。没有人愿意被控制。倘若销售人员一味工于心计,依赖技巧和套路,反而会产生负面效果。

连续让对方回答"否"的问题也是如此,毕竟一直回答同样的答案会让对方觉得不自然。所以不难得出结论,让对方间接回答"是"和"否"的问题比较好。

对方回答问题时,你当然希望答案都满足你的需求。但是,只要对方是真实的人,就不可能完全按照你的意愿行动。有时以为对方一定会说"是"的问题,结果却得到"否"的答案。

遇到这种意料之外的回答时,正是展开话题的好机会。

"为什么不呢?"

"我以为你一定会说是的,有点儿意外呢,我能问问原因吗?"

"我以为你一定会说不是的,能告诉我为什么吗?"

如此一来,你就可以不断围绕对方的回答提问,循环往复，对话便能继续下去。

关键在于，先提出对方能轻易回答的问题，再围绕答案不断提出问题。调查问卷式的"是"和"否"提问，无法活跃对话的气氛。

此外，当说出"有点儿意外呢"这句话时，需要加入真正表示意外的动作，比如摇头等，更容易让对方相信。这既是给予对方的一种反馈，也是提问中的要素之一。之后我也会对此进行说明。

诀窍 4　耐心等待答案，真心话不隐藏

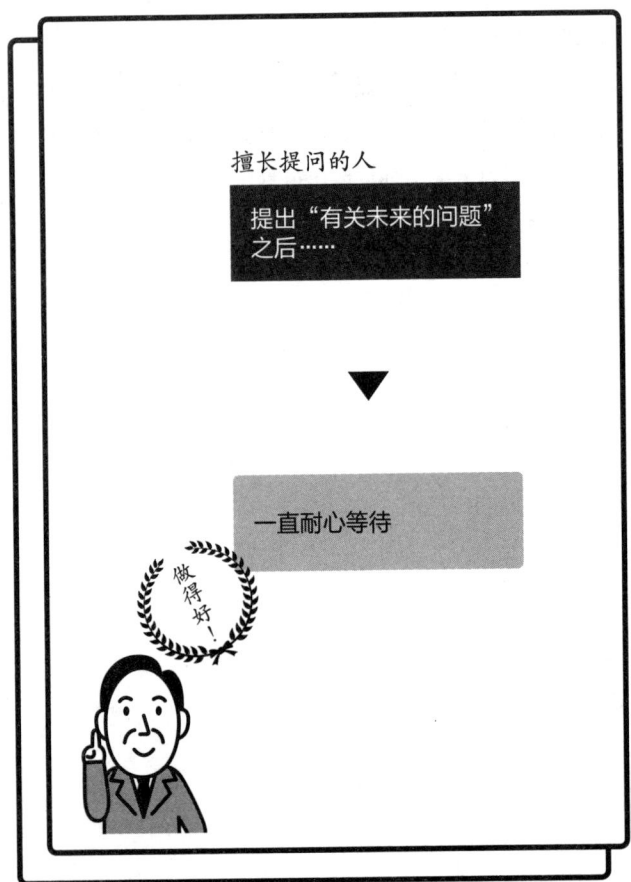

和他人相处时,大家都不想遇到没人说话的沉默场面。大家都沉默时气氛就变得尴尬,让人有种一定要说点儿什么的焦虑感,因此大家会尽量避免沉默。

虽然所有人都希望避免遇到沉默场面,但有一种情况可以接受,那就是提问之后等待对方回答时的沉默。

"之后你想做点儿什么呢?"

"这个……"

"……"(默不作声地等待)

提出让对方思考的问题后,耐心等待时的沉默是没有问题的。

如果此时你觉得等待没有意义,然后突兀地开口讲话,就会打断对方的思考。这样做不仅得不到你想要的答案,还会影响对方的心情。

关键在于,正确区分对话停滞后的沉默是因焦虑产生的沉默,还是等待对方回答时产生的沉默。

此外,我要谈谈如何有效使用沉默。

让对方不自觉地陷入沉默的问题,并非都是不好的问题。当你提出触及核心的尖锐问题时,对方认真思考后给出的答案往往都是真心话。

如果能让对方说出真心话,不仅能顺利推进工作,还能加强双方的私人关系。

耐心等待的沉默能唤起平时很难听到的真心话。

比如你可以先提出对方能轻易回答的问题(有关过去的提问),等气氛更活跃后,再提出更深刻的问题。

"你什么时候入职这家公司的?"

"我大学毕业就来了,应该是23岁吧。"

"一直都在这家公司吗?"

"对,今年已经15年了。"

"之后打算一直在这家公司吗?"

"这个……"(长时间的思考)

"……"(耐心等待)

"其实,我还没和别人说过,我在考虑单干。"

"真的吗?"

"嗯,现在还处在准备阶段。"

辞职创业这种想法,一般都不会轻易告诉别人。可在上述对话中,先询问"过去",再询问"现在",接着询问"未来",就很容易引出真心话。

重要的是，提出关于未来的问题后，要耐心等待对方的答案。面对有关未来的问题，大多数人都没有认真想过，因此需要时间思考。此外还要斟酌用词，自然就容易陷入沉默。但是，只要你耐心等待，就能得到想要的答案。

一定要营造出一种安全感，让对方觉得可以对你说出真心话。

因此，在和他人的交流中，需要的不是充满焦虑的沉默，而是从容的沉默。

诀窍 5　转换话题有妙招，不愁没话聊

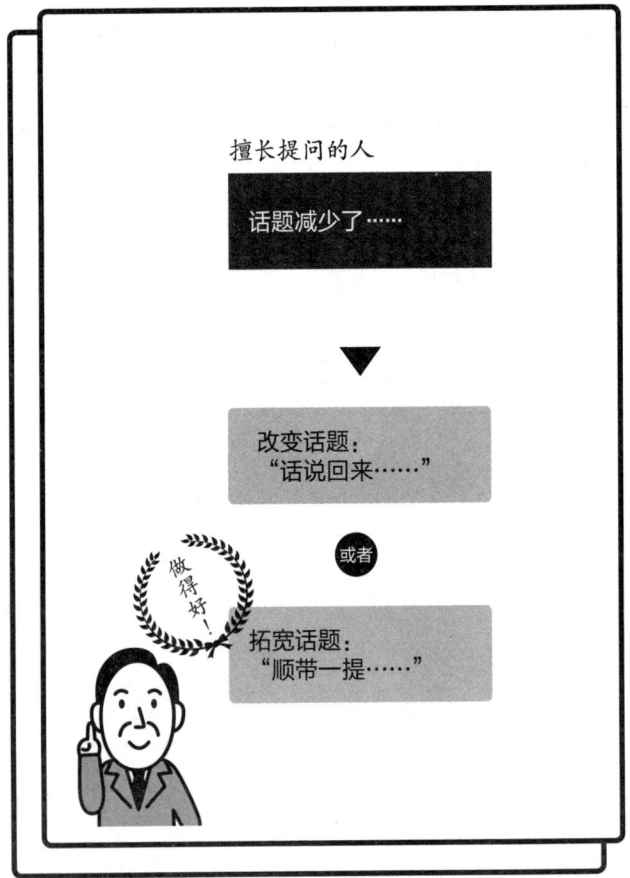

当你和别人闲聊时,是否会碰到聊天聊不下去的情况呢?无论是多么活跃的话题,总有快说完的时候。此时,大家对这个话题都有些厌倦了,再聊下去也是互相折磨,因此大家都在期待能有谁来换个话题。

这种时候,提问就是一个转换话题的好方法。

比如在酒馆喝酒聊天时。

"话说回来,我刚才就注意到了,坐在那边的是我们公司的行政吧?"

"真是呢。"

"你居然能注意到。"

"怎么办?要去打个招呼吗?"

于是,当你感觉当前的话题大家都不感兴趣时,能及时提出新的话题,气氛便又会活跃起来。而提问则很适合制造新的话题。

擅长闲聊的人,并不会一个人在那里高谈阔论,而是会适当地给他人递话。此时,就可以利用提问提供更多话题。

用来转换话题的提问有一些固定的词句。其中,具有代表性的，就是在上述对话中出现的"话说回来"。

这个词语的作用是预告，告诉周围人接下来会有问题问大家，也让他们进入倾听的状态。其实也暗示了即将转换到别的话题，让他人产生期待，关注自己接下来的话。尤其是当你打算结束大家都不感兴趣的话题，说出"话说回来……"时，对方的注意力会随之过来。

在与周围人交谈的过程中，要有意识地去记住自己在意的事情和产生疑问的地方，关键时刻可以拿出来使用。

另外，还有一个特定句式，那就是"顺带一提"。

"话说回来"是用来彻底改变话题，而"顺带一提"是用于延伸话题，提出与之相关的话题。

"顺带一提，你认识和她在一起的人吗？"

如此便能拓展话题。"顺带一提"这个词不会让人觉得突兀，能较为自然地使用，但它和"话说回来"不一样的点在于，无法让话题产生较大的冲击力。

在平常的闲聊中可以使用"顺带一提"拓展话题，而在关键时刻则要用"话说回来"直接改变话题。

提出新的话题既能帮周围人减轻负担,也能让你变得引人注目。有机会一定要试一试。

诀窍是仔细倾听他人的谈话,并且一直认真观察四周的情况。

看着墙上写的菜单,就可以问:"我刚才就注意到了,上面写的'梦幻煎蛋'究竟是什么呀?"如此适时用提问制造话题,就不用担心没有话题了。

平常最好就要养成观察四周的习惯。

诀窍 6　避免随意提问，小心留下坏印象

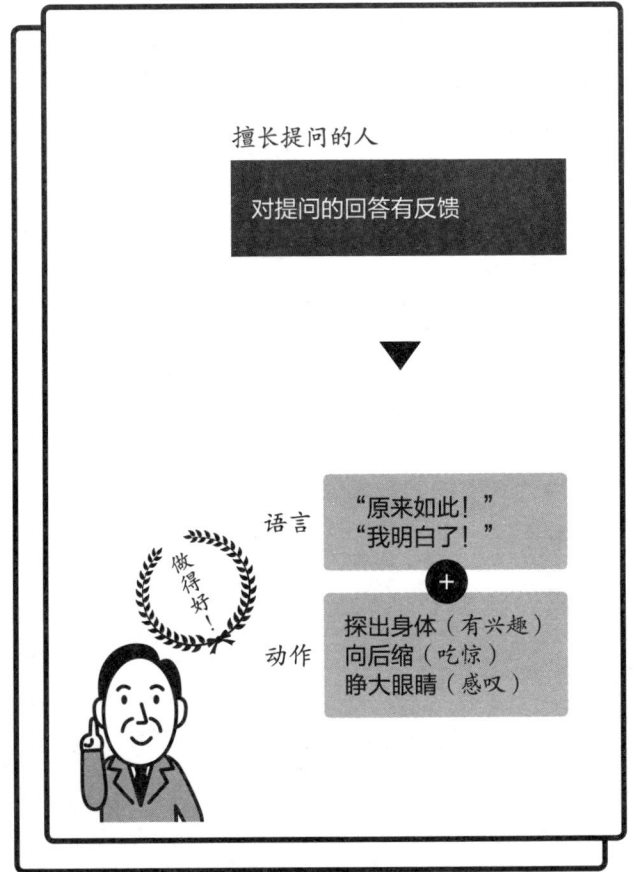

在日常工作中，我经常参加一些研讨会并进行演讲。演讲结束后，我习惯在最后设置提问环节。

"有人要提问吗？"

有时也会有人向我提问。

"请问成为金牌销售的诀窍是什么？"

乍一听，这个问题似乎很合适，因为我就是以销售的身份站上的演讲台。但听到问题的我会想，怎么又是这个问题，好失望。

当然我不会将失望表露出来，只是情绪明显变得低落了。

原因在于，这个问题让人感觉它对任何一个当销售的演讲者都适用。也就是说，它不是针对我这个人的原创问题。

进一步说，就算演讲者用一句话总结了销售的诀窍，听的人也无法成为优秀的销售，根本不存在那种像魔法一样的诀窍。我心里想着这些，嘴上只能回答：

"硬要说有什么诀窍,就是在客户那里也保持平常心吧。"

我的回答听起来很抽象,可除此之外我也给不出别的答案。

像这种随便问问的问题,对回答者很失礼。而且,会问出这种问题的人,还很容易做出更糟糕的事情。

那就是,**无法提供反馈**。

我回答完问题后,对方露出了备感无聊的表情,随即一句话也不说就坐下了。当然,对方至少说了一声"谢谢",但也不过是礼貌性地道谢。如果真的有想问的问题,应该会用更高兴的表情反馈。

有些人在提问的时候不会想太多,只想着不管怎样先问问看。与其如此还不如不提问,至少不会让问答双方都心怀不满。因此,如果没有问题,就不要勉强自己提问。

那么,什么样的问题会让人高兴呢?我认为,最好是和当天演讲相关的问题。

演讲者听到这样的问题,一方面因为对方的认真倾听而高兴,另一方面也因为提出的问题和自己演讲的内容有关,觉得有回答的价值。

"请问关于讲义第×页的内容……"以此开场提问，我会仔细倾听，并在时间允许的范围内认真给出回答。因为这样的提问才让我有回答的意愿。

会提出这类问题的人，他们给出的反馈果然也不一样。听到我的回答，他们会露出真正领悟的表情。看到对方如此，我也会感到很满足。

当众举手提问，本身就十分需要勇气，实在值得赞叹。

既然好不容易有机会提问，就应该选择更好的问法。回答问题的人也能感觉到，随便问问的问题并不是对方真正想问的问题。这样不仅会给人留下不好的印象，也会让会场的气氛变得糟糕，还请各位多多注意。

诀窍 7 警惕模式化问题，对方根本懒得答

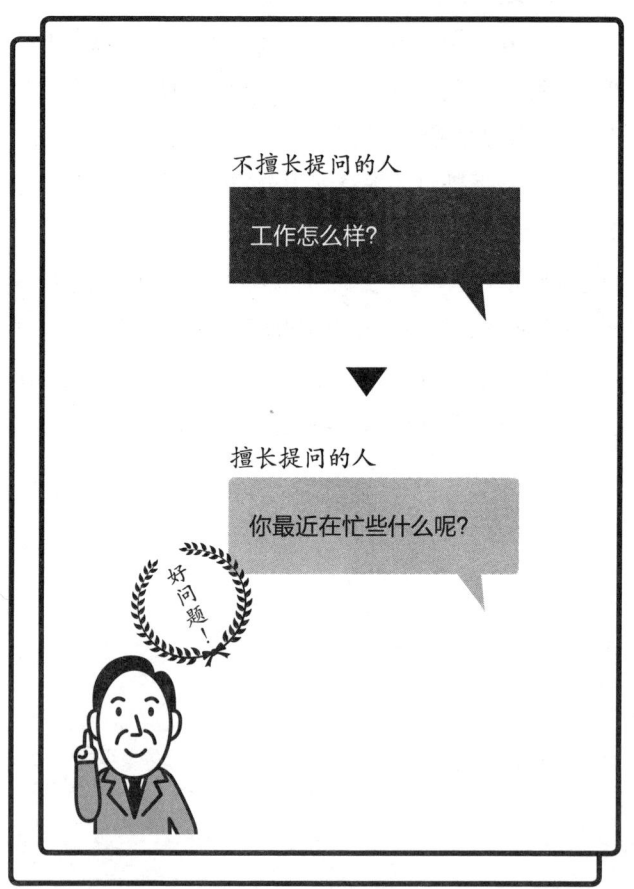

在日语中有一个词叫"纹切型",顾名思义,就是用于切割家族纹样等物品的模型,使用这个模型,可以制作出无数个相同的物品,因此也有按照模式固化、不知变通的意思。而模式化的提问也是如此,听起来很无趣且让人没有回答的意愿。

这让我不由得想起一个印象深刻的场景。很久以前,我在电视机前观看奥林匹克运动会游泳项目的比赛,见证了一名日本游泳选手夺冠的瞬间。比赛结束后,有记者采访了那名选手。

"恭喜你!"
"谢谢。"
"你觉得你获胜的原因是什么?" ← 模式化问题
"一看就能看出来吧?"(非常生气的表情)
"是瓦萨洛起泳法[①]吗?"(有些不解)
"对。"

那名选手战略性地使用了瓦萨洛起泳法获得胜利。只要看过比赛,无论是谁都能看出来。记者偏偏问了这个问

[①] 瓦萨洛起泳法:美国游泳选手瓦萨洛首创的仰泳起泳法。

题,对方自然会因为记者的明知故问而生气。

我至今还记得那名选手面对采访时明显不高兴的表情。夺冠本来是件令人高兴的事,结果却听到如此无聊的问题,自然让人扫兴。

我估摸着,可能在记者整理的对获奖选手的采访模板中,包括"询问获胜原因"这一条。其他的问题可能还有"询问今后的目标""最想把获奖的消息分享给谁?"之类的。这些都是模式化的问题。

请注意,询问模式化的问题,可能会让对方丧失回答的意愿。

还有其他一些容易问出模式化问题的场景,比如公司面试。市面上有很多面试问题集锦的书籍,模式化的回答大同小异。面试官和几个候选人面谈时,听到的都是同样的内容。

当面试官问道:"你有什么问题吗?"听到的尽是"加班程度怎么样?""参加内部培训后就能独当一面吗?"之类的问题,面试官难免心情烦躁。而且这样的问题还会让人觉得"怎么刚来就担心加班的问题?",甚至留下负面印象。

在任何情况下都不应该借用他人的话来提问,而是学会自己思考后用自己的语言来提问。

　　也许有人觉得用自己的语言提问有些困难，请记住一点，只要能做到不再问模式化问题，就算前进一大步了。不问模式化问题后，自然就会使用自己的语言。

模式化问题的例子

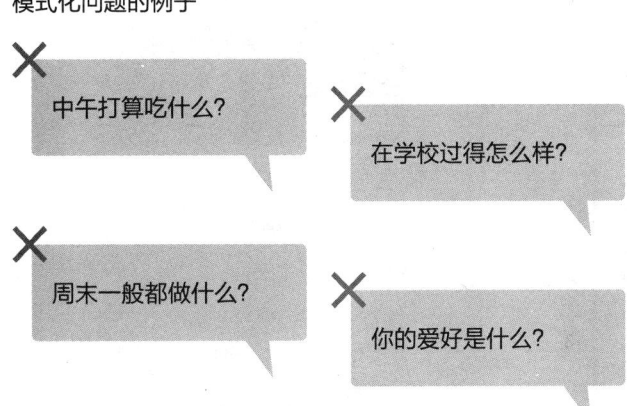

诀窍8 缓解紧张别离题,做好准备很重要

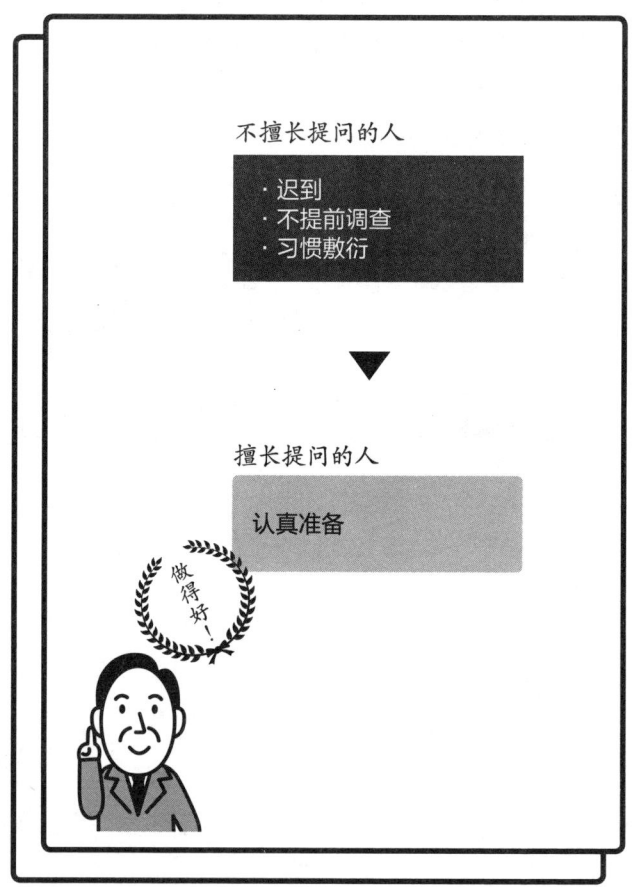

说到"离谱的提问",我能想到的就是高中时收听的一档深夜广播节目。

我是歌手吉田拓郎的粉丝,他主持的深夜广播节目我从不会错过。我不仅喜欢他的歌,还羡慕他即使不特立独行也能自由生活的性格。

某次,节目组邀请了一位女演员当嘉宾,吉田拓郎本人公开提过非常希望这位女演员来参加节目。结果节目直播的时候,他非常紧张,问了女演员一个非常离谱的问题。我至今都还记得。

"那个……你喜欢吃什么水果?"
"水、水果?"

连当时身为高中生的我都知道,不应该在广播节目里问女演员这个问题。

说到底他就是太紧张了。后来我才了解,无论多么擅长说话的人,一旦变得紧张也会说一些毫无意义的内容。那天的节目虽然有些无聊,我却看到了偶像身上的人情味,也算让我高兴了一回。

这件事倘若当生活趣事来看没什么问题,可要是在工作中向对方问出离谱的问题,对方只会觉得"这个人在说什么呢"，从而留下不好的印象。

为什么人会问出离谱的问题呢？大多数情况下，人能够意识到自己的提问离题了，还会责怪自己怎么问出这么蠢的问题。

主要还是因为心里过于紧张，从而影响了自己保持冷静和进行判断的能力。不仅是提问，在与人交往中，绝大多数的失败都是因为失去冷静。人越是出现紧张、焦虑、无法保持冷静的状态时，越需要小心。

一旦你为了摆脱紧张状态，想随便说点儿什么而提问时，就很容易问出离谱的问题。

我也是容易紧张的类型，所以会格外注意保持平常心。其中的诀窍就是，不要说"对不起"。我知道，与他人相处时，碰到不得不道歉的情况时人很难保持冷静。

比如因为迟到需要向他人道歉，**我就绝对不迟到**。由于提前到达，还能悠闲地等着，见面后也比较轻松。

另外，在工作会议等场合，我会多准备一些资料，避免出现参加人数比预计得多，从而导致资料数量不够而道歉的情况。日常工作中，我也会随身多携带一些名片。

如此便可缓解紧张情绪，保持冷静说话的状态。

如果你经常问出一些离谱的问题，首先要学会保持冷静，保持平常心应对，就不会问出毫无意义的问题。

诀窍 9　活用激励法，提升下属能力

作为上司，在培养下属的时候，你都会提出怎样的问题呢？

常见的情况是质问工作失误的下属。

"你怎么会犯这种错误？"
"怎么这种事都做不到？"

由此来询问失误的理由。在上司看来，理由当然很重要，找到失误的原因就能知道应对的方法。

但听到上司用质问的语气说话，下属心里又会怎么想呢？他们会彻底萎靡不振，内心充斥着因失败产生的罪恶感。

上司可能只是迫切想找到失误的原因，可对下属而言，听上去像在责备和怒骂。这种提问方式不仅无法培养下属，反而抹杀了对方成长的可能性。

同样的情况下，换个提问方式就可以起到培养下属的作用。

"你觉得失误的原因是什么？"

"你认为做不到的理由是什么?"

如此一来,提问便不是质问对方的失误,而是鼓励对方寻找失误的原因。

提问时不要用Why(何因),而要用What(何事)。差异很小,但给下属留下的印象完全不同。

接着,再提出有关未来的问题。

"下一次应该怎么做才能更好?"
"你觉得怎样才能做到呢?"

提出这样的问题,下属会如何看待你呢?应该会觉得你是个为下属的未来考虑、值得尊敬的上司吧。

这样下属自然会充满干劲,积极面对工作。这就是How(怎么做)的提问。

正因为从有关过去的问题切入,才能产生有关未来的问题。

有一个小技巧可以让你轻易提出激励他人的提问。

就是把自己完全摆在对方的视角。

如果你对下属说:"你的失误会让他人对我的评价也

降低的。"听到这番话的下属就会立刻察觉,自己的上司是个以自我为中心的人,自然不会对上司产生信任,甚至还会产生轻视的心理。

相反,如果你对下属说:"请把这次失误当作经验积累起来,将来一定会派上大用场。"作为上司,将自己的眼光投向下属的成长,下属感受到的就完全不同。

为下属着想的上司会让人产生尊敬的念头,这么做必然会有所收获。

此外,对自己的提问也一样。

"为什么我失误了?"
"理由是什么?"
"以后怎样做才能避免出现同样的失误?"

如此自问自答,也能让自己得到成长。

第三章 十四个场景，活用提问术

场景1 日常会话——寻找双方共同点

要点!

对方<u>可能知道的事情</u>
和
自己也<u>关注的事情</u>

仅此而已!

前几章讲解了提问的基本方法。可无论知识储备多丰富，实际遇到的场合依然多种多样，每个人不擅长的场合各不相同。本章将按照场景和聊天对象的类型分别说明提问的方法。

首先是日常对话中通用的场景。你可以多观察自己日常说话时的情景，就能发现谈话大多是因某个"问题"而开始的。

自己有想聊的话题时，会抛出一个问题。

"昨天的搞笑特别节目你看了吗？"

如果对方回答"看了"，自己就可以说想说的内容。

"好有趣！水平真高！尤其是冠军组合……"

当自己原本有想说的事情时，经常会先围绕那个话题提问，等对方回答后，再开始讨论。

这是一种获得许可的行为。也就是用提问的形式向对方获得许可，问自己能不能讨论某件事情（比如搞笑节目）。

即使有些人觉得自己不擅长提问，平常也能很自然地问这种问题。因此,提问其实很常见。

所以,日常生活的闲聊一般都以提问开始。这种场合下的提问大多都在"寻找双方的共同点"。

"你认识最近搬到附近的××吗?"
"你读过最近很流行的××那本书吗?"
"对了,你知道昨晚半夜地震了吗?"

每一个问题都是在询问"你知道这件事吗?"。

当人们想引出一个话题时,不希望只有自己知道,而希望对方也知道,如此才能继续谈话。双方都了解的情况下,对话更容易推进,谈话的气氛也更活跃。

绝大多数人在闲聊时都会无意识地提问,不会顾虑是不是一定要提个问题,行为非常自然。

然而,不擅长闲聊的人大多会思考:"应该聊点儿什么呢?"因为他们会先入为主地认为自己必须说点儿什么,会经常拼命在脑海中寻找话题。结果想不到聊什么,只好保持沉默。

这类人需要意识到"对话是从提问开始的",而此时的提问是为了寻找自己和对方的共同点。将视角放在对方身上，试着问一些对方可能知道、自己也关注的事情，由此展开对话。注意观察对方身边的物品和四周的环境。

"你的包真好看，应该挺贵的吧？"
"附近有好吃的拉面店吗？"

你可以试着在与周围人的交流中使用类似的提问。

场景2 商务对话——限定选项

在商务对话中，包括协商、提议、指示、报告、联络等各种谈话，经常会用到提问。事实上，绝大多数的商务对话就是提问与回答。

然而，有些人在进行商务对话时，他们的提问不仅没什么效果，甚至会被对方掌握主导权，将问题甩回来，导致自己处于不利的境地。

比如与客户讨论拜访时间的时候，经常会问客户。

"您什么时候方便呢？"

这种问法源于关心对方，但会导致自己需要完全配合对方，给自己的工作造成困扰。

"那就明天下午2点吧。"
"明天吗？明天我这边可能不太方便，其他日期可以吗？"
"是吗？那后天下午4点呢？"
"抱歉，那天也不太行……"

如此一来，对方也会不耐烦。估计会觉得，既然如此，为什么不在最开始就说什么时候有空？

在商务场合,能否巧妙处理预约等事项取决于当事人的提问能力。决定预约时间时,既要尊重对方,也要掌握主导权。此时恰当的提问方法如下。

"关于日程我想问一下,4月14日和16日上午,以及17日下午,您看什么时候合适?"
"嗯……那就16日上午吧。"
"好的,那到时候见。"

这样既能顺利定下日期,也能给客户留下好印象。同样是询问对方的日程,自己给出2—3个备选日期,客户也容易决定。而自己也是在方便的时间里定下日期,没有给工作造成困扰。

再列举几个类似的情景。比如当上司比较忙碌但你有事想商量时,你是否会这般询问。

"请问可以占用您一点儿时间吗?"

这种时候基本上都不会成功。上司大多都会用"我现在没空,之后再说"来驳回请求。之后再去问,结果还是被拒绝，你的情绪越来越低落，时间也一直定不下来。

此时就应该换种方法询问。

"我能和您谈谈关于××的事情吗？今天下午3点之后可以占用您大概20分钟的时间吗？"

自己指定时间范围，让对方来选择，与刚才的例子相同。主导权在自己手中，就不会被对方的安排左右。

如何与忙碌的人交涉时间安排，对话本身就对商务人士的形象影响很大。因此，若你想在商务中掌握主导权，需要在提问中给出选项，让对方来选择。

场景3 会议——时刻保持怀疑

要点!

不要作壁上观

思考<u>其他观点</u>

大部分公司都会召开周例会。我以前工作的公司每周一有例会，开会时，我基本上不发言，因而觉得没必要浪费时间参加会议，总是借故缺席。

当时的前辈曾这样教导我。

"我也不想参加这么无聊的会议，但要是你一直不参加，就会慢慢地失去话语权。你要遵守公司的规定，想说什么就说出来，毕竟进入社会后就不一样了。所以你必须去开会！"

前辈让我去开会时，并没有说不去开会就会被上司责骂，而是教导我要在公司立足。听到这番话，当时总想着翘掉会议的我也醒悟了。

我讨厌开会是因为我不善言辞，还有社交恐惧症，无法当众发言。哪怕只听周围人说话都觉得时间难熬。

"我想详细了解一下刚才说的内容，但不好开口……"

心里产生疑问，却无法说出来，这也是导致我越发不自信的原因之一。

但当我遵循前辈的教导参加会议后，有了新的发现。

那就是发现了提出好问题的方法。

其实我刚才提到的前辈平常是个寡言的人,他在会议上也基本不说话。可只要他一开口,提出的问题就十分尖锐,众人都对他敬佩不已。他的问题时常引起大家更深一步地讨论。看到周围人积极提出意见的样子,前辈都会静静地在一旁关注着。我看着这样的他,心中很是羡慕。

前辈的问题能让现场气氛为之一变,如果我也能提出这样的问题该有多好啊。会议结束后,我问前辈:

"怎么样才能像你一样提出那么尖锐的问题呢?"

说实话,我的问题算不上好问题。但前辈温柔地回答了我的问题。

"关键在于怀疑。"
"怀、怀疑吗?"
"对,要用怀疑的眼光看待稀松平常的事物。可能因为本来我也不是个直肠子的人,总是在想,这是真的吗?"
"嗯,那具体应该怎么做呢?"
"比如说刚才的会议,大家的意见曾一度保持一致吧?"

"对,大家都觉得那个策划方案会受女性欢迎。"

"但我听了之后,就会思考,这样真的可行吗?"

"也就是怀疑对吧?"

"没错。所以我才提出,真的可以将女性同一而论吗?"

确实,他的问题提出后,大家才考虑到女性有着不同的年龄和生活方式,从而展开新的讨论,使经营战略会议的内容精准度更高。

会议中讨论气氛越活跃,你越要保持冷静,从其他角度看待问题,就能提出尖锐的问题。对当事人来说,这也是参加会议的乐趣之一,同时也加深对会议内容的理解,是个非常重要的问题。

"真的吗?这样就可以吗?有别的看法吗?"

带着这样的想法参加会议,是提出好问题的起点。

场景4　派对——利用有效信息

要点！

不要忽视个人简介上的信息
要认真阅读<u>名字、公司、地址</u>等信息

仅此
而已！

不擅长参加派对的人比我想象的还要多。当然，我也是其中之一。在派对上，若是不和别人说话，我实在不知道该如何度过这段时光。因为独自一人沉默地站着，会让我产生负罪感，心里也会一直非常紧张，觉得自己必须得要和别人说点儿什么。

当然，参加派对能拓展你的人脉，还能增长见识，可在此之前，你必须和不认识的人说话。用来开启对话的契机，就是接下来我要谈到的名片。

在商务场合和第一次见面的人寒暄时，一般的习惯是与对方交换名片。其实这是个让人从中获益的习惯，那些平常因为身份差异或是业务不重合，无论如何都没有机会说上话的人，在这种场合，只要你递上名片，对方多少都会回应一下。

每次收到别人递给我的名片，我一定会做的一件事就是，认真阅读收到的名片，然后再提出问题。

"应该怎么读您的名字呢？"

我无法立刻读出对方名字的时候，会提出这个问题。有的人名字里会带有生僻字，或者我不确定读音的字。碰到这类人时,我收到名片后一定会提问,这样就可以立刻开启谈话。

"应该读×××。"
"我知道了,不太好读呢。"
"对,从来没有人一次读对过。"(对方苦笑)

人都会对自己的名字比较在意。以此为话题向对方提问,即便第一次见面也能轻松聊起来。

名字难读的人也希望别人能配合他聊聊名字,别人一提问,他就跟早就准备好了一样,接着就能解释。

我接过名字难读的人的名片时,心里都会大喊:"太好了!"因为这样我就不用担心最开始的对话了。

阅读名片时不仅名字可以用来提问,公司名字和地址也可以用来提问。

"贵公司的名字很奇特,有什么含义吗?"
"离这个地址最近的车站是×××吧?"

有时翻到名片的背面,还会看到公司主营业务和名片主人的个人简历等内容。

"世界第一的遥控汽车玩具,好厉害啊!"
"哇,您参加过健美大赛吗?"

一张小小的名片包含了无数个可以提问的话题。

因此,收到名片后首先要仔细阅读,阅读时保持沉默也没关系。因为在对方看来,对他的名片感兴趣的人不会让他感到不快。

偶尔也碰到一些人收到名片后只粗略扫过,这实在太可惜了,他们错失了难得的提问机会。

派对上会有很多不认识的人,在这种场合务必尝试用与名片有关的问题开启对话。

场景 5　工作聚会——询问近况

要点！

就算不积极参加
也要找到旁观者
询问近况

在工作场合偶尔会有一些工作聚会,比如新年聚会、年末聚会、欢迎会和送别会等。爱喝酒的人当然喜欢这类场合,但对于不能喝酒的人来说,反而会觉得聚会很痛苦。

此外,无论爱不爱喝酒,总有一些人不喜欢参加人多的聚会。

顺便提一下,我就是那种既不能喝酒,也不喜欢聚会的类型。由于我几乎不怎么大声说话,根本没办法在嘈杂的场合与人交谈。可在人数较多的聚会中,所有人都保持安静也很奇怪。说到底,就是我无法适应人多的聚会。

可有时又不得不配合参加,因此我总是静静地待在角落里。这样勉强自己参加聚会后,也给他人带来了困扰,重要的是,自己觉得很痛苦。

因此,我自行揣测了一下参加聚会的意义。

其实用"意义"这个词有些夸张,只要在心里暗示自己,就当作是参加了汇报工作的聚会就行。虽然都是些内部聚会,还是会遇到平常没什么机会说话的人。把工作聚会当作与他们交流信息的场合即可。

此时,你需要找的不是积极享受聚会的人,而是和自己一样静静观看的人。聚会过程中,随着时间的推移,渐渐地会分为活跃派和安静派，只要等到那个时候再行动即可。

"你好，我能坐你旁边吗？"

先坐在平常不怎么说话的人身边，只要对方不是特别讨厌你，基本会同意。

接下来可以问：

"你最近在做什么项目？"

这个问题取决于你平常和对方的关系。如果关系更近，可以问：

"看你最近挺忙的，还是之前那个项目吗？"

要是稍微了解对方的工作内容，就可以问与工作有关的问题。无论如何，提问都围绕着对方工作的近况展开。与工作有关的话题，不仅可以在公司内使用，和其他公司聚餐时也可以派上用场。

但不要谈论更深的内容，例如工作上的烦恼等。这些适合在更加私人的场合讨论,当下做到询问工作近况的程度就可以。

"我现在负责M公司的竞标,所以最近都挺忙的。"
"是吗?现在已经告一段落了?"
"对,昨天刚结束,接下来就等结果了。"
"希望一切顺利。下次能给我看看方案说明的资料吗?我也想参考一下。"

如此一来,通过与平常不怎么说话的人聊天,也能给工作带来实质上的帮助。

有些人不愿意在聚会时聊工作的话题,但这样的对话不过是询问近况,因而不用过多在意。如此,便可以让自己在不擅长的工作聚会上展开对话。

至少你不会再认为自己参加聚会是被强迫的,而是觉得自己度过了一段有意义的时光。

询问他人的工作近况,可以让你和有些生疏的人也能聊得起来。

场景6 销售——消除对方警惕心

要点！

人本来就不愿意说谎
要利用这种心理

世界上的每个销售人员最想知道的事情，就是客户的需求。了解客户的需求之后，才能知道自己的商品和服务是否能推销出去，然后根据需求进行有针对性的推销。

然而，与销售人员想法相反的是，客户最不愿意告诉销售人员的，也是他们的需求。

"贵公司今后有意愿购买这类产品吗？"
"不打算。"

类似的场景在全国的销售场合都会出现。仔细想想也有一定道理，如果客户回答"以后有意愿购买"之类的话，销售人员肯定会当场大肆推销，所以客户不会轻易说"是"。无论对方是否有购买意愿，大多数情况下都会说"否"。

销售的关键在于**掌握倾听的技巧**。在如今的时代，如果不能问出客户真正的想法，就没有销售额。

我在平时的销售培训中教过一种提问方法。

"您以前用过类似的产品吗？"
"对，以前用过。"
"是吗？那您现在还在用吗？"

"已经不用了。"

"为什么呢?"

"感觉运行成本有些高。"

"那如果运行成本降低,您会继续使用吗?"

"对,如果便宜一点儿我会用的。"

这里就运用了第一章中提到的关于过去的提问。

大多数客户都对销售怀有警惕心理。他们觉得一旦暴露自己的弱点,对方就会不停地推销,一不小心就会跌入陷阱,所以从不轻易敞开心扉。因此,如果你一上来就问客户将来有没有意愿购买,是无法听到真正的答案的。

因此,最好从有关过去的问题展开对话,谈论过去的事情,不会给人一种推销的感觉,客户也会安下心来说些真心话。

过去发生的事情都是事实,若是说谎很容易暴露。因为人本来就不愿意说谎,所以销售询问过去时,大多数客户都会诚实回答。

接着询问有关现在的问题,最后再询问有关未来的问题。

"其实这款产品的性能与之前的产品相同,但运行成本下降了很多，不知道您有没有兴趣？"

"那我还比较感兴趣，详细说说吧。"

从有关过去的提问到有关现在的提问，中间会产生差异。询问出差异是什么，就能获得新的信息。就像刚才的例子，询问后就会得知由于运行成本高而不再使用原来的产品。这就是要从过去开始问起的原因。

问出对方的需求（低运行成本）后，就能更好地推荐自己的产品。

在销售的场合中，经常有销售人员急于求成，贸然地提出有关未来的问题。然而，如果此时他能保持冷静，从过去开始提问，客户的态度和答案就会完全不同。

场景 7 教育——商量倾听

要点！

不要单方面命令
而要听取对方的想法
与其商量

教导他人并非易事。当你踏入职场一定年头后,一定会有自己的下属。那时,你就需要承担教育和指导下属的职责。有些人完全不懂如何领导他人,不过是有了一些工作经验,就毫无章法地指使别人,难免让下属产生落差感。

我以前经营过一个设计公司,公司有十几个员工,非常明白带团队的辛苦。尤其是我从小就不是那种有领导才能的小孩,大多数时间都自己玩自己的,没有统领团队的经验。

刚开始,我还没能适应自己管理者的身份,有时会过于顾及下属的想法,说出特别客气的话:"这部分可以稍微改一下吗?"结果事后又觉得憋屈不已。有时,我也会试图强硬地要求下属:"明天下班之前必须完成这个。"结果总不尽如人意。我自己也压力很大。

但是,像我这么无能的上司,也会有比较顺利的时候。

"这次这部分有些失误。"

"我知道了,非常抱歉。"

"没事,我这边最终审核也有问题。不谈这个,你觉得今后应该怎么做才能避免这类失误？"

以前面对下属的失误，都是我在单方面说教，但下次失误依旧会出现。所以我就改变了提问的方法。

从单方面的"命令"改为双向的"商量"。

我不再将自己的意见强加在对方身上，而是听取对方的想法和判断，共同思考如何解决当前的问题。如果身为上司的我单方面命令应该怎么做，那么对话很快就结束了。只要我转换姿态，用心倾听对方的意见，对话就会产生。这么做非常有效。

命令会让下属停止思考，商量则会留下思考的余地。双方都是人，都有各自的想法。商量时问出"你觉得应该怎么做比较好？"可以解除双方思想上的束缚。

还有一种情况。某次，我察觉到下属毫无干劲，工作也总是马马虎虎，于是对他提了这样的问题。

"来我们公司的时候，你说过今后打算创业吧？"
"对……"
"你觉得现在能实现吗？"
"还不能……"

"你觉得你还有什么不足的地方吗?"

"我感觉我的技能不高。"

"那你觉得应该怎样才能提高呢?"

"提高今后工作的准确性吧?"

"嗯,我也这么觉得,加油吧。"

后来,他面对安排下来的工作不再敷衍了事,而是将其看作是在为自己的将来工作。将工作的目标转向自己的未来时,自然就会产生动力。

你通过现在的工作,在未来想成为怎样的人?这个问题对培养下属非常有效。

场景8 在合不来的人面前——保持交流

要点!

即使不喜欢

<u>也能拉近与对方的距离</u>

让人遗憾的是，在工作场合，人无法选择自己的上司。能否碰到好的上司会让你在公司的生活完全不同。最糟糕的情况就是碰到讨厌的上司。

大家都是人，都会有自己的喜好，总会碰上与不喜欢的人共事的情况。如果不喜欢的人是偶尔碰到的同事，你还能忍耐忍耐。若不喜欢的人是不得不每天见面的上司，那么你在公司的生活就十分煎熬了。

我因为性格的关系，不喜欢的人有很多。我以前工作的时候，就不喜欢自己的上司，我既不想巴结他，也不会故意讨他欢心。

偏偏这个上司就喜欢讨他欢心的下属，不管工作能力如何，只会把讨好他、巴结他的人放在身边。评分也掺杂私情，毫不客观。显而易见，我的评分是最低等级的。

他这么做让我更讨厌了。平常我都不和他说话，打招呼也很敷衍，想尽量避免和他相处，最好是连面都不见。

可这么做给我的工作带来了负面影响。因为与上司在工作上缺乏必要的联络和汇报，导致沟通不畅。有时我还会在工作上失误，给客户带来麻烦。经过慎重的考虑，我觉得不能因为自己的个人好恶而影响工作。

于是，我开始主动接近上司。

"部长，我想问一下，您抽的是雪茄吗？"

"对。"

"您从什么时候开始抽雪茄的？"

"我抽了有十年吧，怎么了？"

"这么久了！那您对此一定很了解吧，其实我有个客户，他对雪茄很感兴趣，我想就这个话题跟他拉近关系。"

"哦，这个事啊，我确实比其他人知道得多一点儿。"

"那您能传授我一些专业知识，让我能和资深雪茄迷客户加深关系吗？"

之后我们聊了很久，上司也讲得很投入，看起来心情不错。引导对方说话的效果由此展现出来了。

要让对方说话，有效的方法是询问对方的兴趣和擅长的事情。我知道上司喜欢抽雪茄，便以"对工作有用"的名义询问他。

关键在于，我平时和上司没什么交集，如果只问雪茄的事情，会让他觉得我在讨好他，由此引发对方的警惕心理。反之，当我告诉他是工作原因才询问他，对方便能接受。而我自己也清楚地知道这是工作，便能够倾听不喜欢的人说话。自那天之后,我和上司在工作上的沟通便没有什么阻碍了。

人对于自己不喜欢的或者合不来的人,会下意识地不去和他们接触,当然也不可能产生对话。可这样会导致工作出问题,也会加重精神上的压力。

因此,面对讨厌的上司,最好尽量用提问让对方说话,保持最低限度的交流。

场景9 在喜欢的异性面前——询问经历

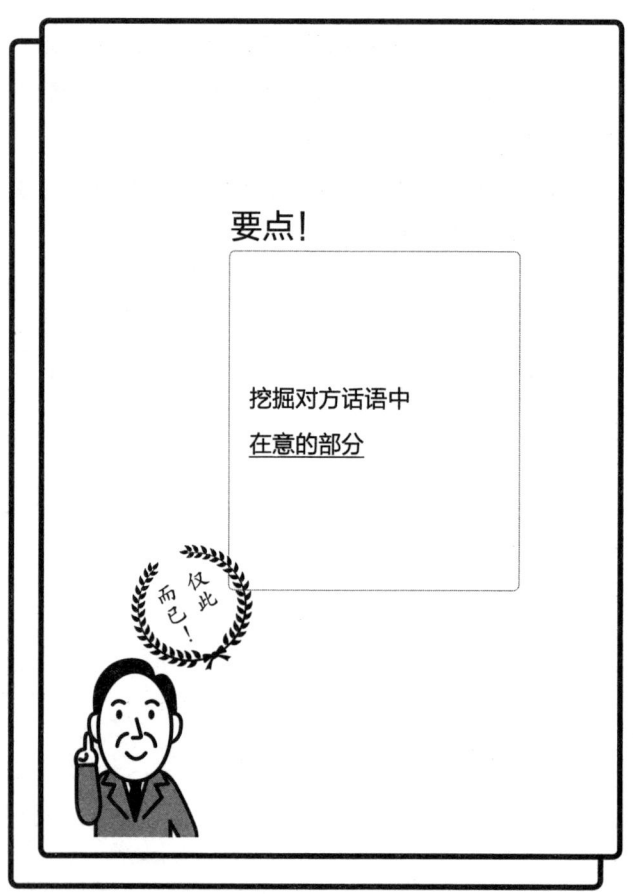

要点!

挖掘对方话语中<u>在意的部分</u>

仅此而已!

学生时代的我特别内向，不擅长和女生说话。那时候我也和别人一样有暗恋的人，也希望能和对方约会。

但我不知道约会时应该说些什么，这种恐惧让我很焦虑。哪怕对方答应和我约会，也不代表是好的结局。在约会过程中，如果不能让对方满意，这场约会就毫无意义，要是做出了让对方讨厌的行为就会变得更糟。

"今天的衣服很适合你。"
"是吗？会不会朴素了一点儿？"
"不会！当然也算不上花哨，但不朴素！"
"是不是花哨一点儿比较好？"
"不是的，花哨的也行，朴素一点儿也不坏，既不朴素也不花哨，应该说普通？不对，说普通也很奇怪。我在说什么呀，感觉越说越乱。"
"……"

接着你便会焦躁起来，越说越糟糕，如此痛苦的过程我已经经历过好几次了。基本上每次约会结束后，都不会再有下文。

近些年，我才发现利用提问推动对话的方法。而且对话不仅是持续下去,而且还能不经意地向对方传达我的好感,可谓一石二鸟。

"对了,最近你在读什么书吗?"
"我最近没怎么读书呢。"
"没什么时间读书吧。"
"我本来还挺喜欢读书的,最近没什么机会读。"
"嗯,那你以前都读什么书?有喜欢的作家吗?"
"我初中的时候喜欢推理小说。"
"哦,那你应该读得挺多的吧?"
"还可以吧。不过高中的时候喜好就变了。"
"为什么?"
"我受朋友影响读了历史小说,便沉迷其中。"
"这样啊,我也喜欢读历史故事,你都喜欢什么样的历史故事?"

由此可以不断询问对方,对话便能持续下去。

提问的要点是按照从过去开始的顺序询问对方的一段经历。在刚才的例子中询问的是读书,换成音乐、体育、电影都可以。最好问的是自己也喜欢的类型,这样容易插上话。

人的经历是不断变化的。不要放过这些变化，带着"为什么"的疑问，找出对方在意的部分。当你表现出对他感兴趣，询问他在意或者重视的事情时，他通常会对你抱有好感，这样也能展示你对他的好感。

询问经历时，关键在于使用Why（何因）。从"为什么"的角度提问，便可以提出下一个问题。如果对方感觉不到你的好感，可以询问他过去的某段经历。

场景 10 在自傲的人面前——学会请教

在日常工作中，有些人你可能和对方完全说不到一起，尤其是面对和你年龄差距很大的人时，情况更是如此。双方的知识储备、生活环境、工作经验完全不同，很难找到共同话题。

尤其是面对被称为"老师"①的人时，这种情况更多。他们中有很多人一心向学、争强好胜，比一般人更博学，经验也更丰富。他们习惯于在众人面前发表演讲，周围人对他们也多有吹捧，有些人难免有些自傲。

其实，也有人称呼我为老师。说实话，我只不过是写过几本书，也不会去耍什么大牌。

面对这些自信又自傲的人，和他们说上话都很困难，更别提向他们提问了。因为提问的前提是希望获得对方的答案，是占用对方时间的行为。若是对方本来就是个大忙人，提问自然更加困难。

最好是提一些他们乐于回答的问题，不要考虑自己想问什么，而要考虑应该让他们回答什么，这才是这个问题该有的效果。

---

① 在日语语境中，"老师"是一种特别的敬称，多用于称呼教育行业的学者，法律、医疗、创作领域等行业的专业人士、政治家等。

从本质上讲，提问应该以自己想知道的事情作为前提来进行，但从更广义的角度来说，也可以把提问作为交流的手段。这就是和自傲的人交流时采取的策略。

比如演讲结束后，一般会给观众留出提问的时间。

此时就应该提出有效的问题，提问时需要去思考，演讲者希望在众人面前说什么内容。暂且就认为演讲者是个自信又自傲的人。

他们自然不愿意回答对自己不利的问题。

所以最好避开影响对方心情的问题，比如会有负面影响的"能说说您的失败经历吗"，或者有反驳性质的"我觉得您刚才说得不对，请问您有什么根据吗"，等等。

那么，对方希望别人问什么问题呢？那就是"指导"类的问题。

"您今天说的内容我也经历过，您能告诉我，在×××样的情况下我应该怎么做吗？"

"请问您能告诉我，如何将您今天演讲中的内容实践在现实生活中吗？"

类似这种与当天演讲有关，又带有请教意图的提问，自信又自傲的他们一定会乐于回答，因为这样可以教导更多的内容。

聚餐时也是如此，向自傲的人提出请教意图的问题，对方不仅可以对你说明，也可以对周围人说明，他们会特别热心地回答。因此，不要问私人化的问题，而要问大家都关心的问题。

问出这种问题的人会给他人留下好印象。哪怕只是留下一点儿印象，也有可能在工作和生活中获得机遇。好好提问，其实也是在展示你自己。

场景 11 在寡言的人面前——耐心等待

要点!

配合对方说话的速度
统一步调

世界上既有擅长聊天的人,也有不擅长聊天的人。不擅长聊天的人又分为很多种,有的人因为生理构造导致口齿不清,有的人则因为社交恐惧症而紧张得不知道说什么,还有人因为措辞内容、声音大小和表情的问题让人觉得不擅长说话。

我本身就是不擅长聊天的人,所以非常了解这些人内心的想法。

我本身也有性格上的问题。由于我非常不希望给他人留下不好的印象,也不想给他人造成麻烦,我说话都十分谨慎。

"这个……"(应该怎么回答呢?我是说对方想听到的话,还是说我心里真正想说的话呢?啊,也不能让对方等太久……)

开口之前我一直在脑海中拼命思考这些事情,可脸上未显半分,别人就会以为我什么都没想。

因此,经常听到别人抢先说:"没什么要说的也没关系。"可明明我思考了很多,突然被人打断让我觉得有些被冒犯。

但是,对方完全不知道我在想什么。当然,让对方知道也不是一件好事。

因此,若想跟不擅长聊天的人沟通顺畅,最好的方法就是配合对方的步调。这是一种在交流中配合对方说话速度的技巧,面对像我这样说话速度慢的人不要着急插话,先耐心等待。

提问后没有得到答案不完全是因为对方没有答案,可能只是对方思考得比较慢而已。如果没有注意到这点而贸然插话,不仅打断了对方的思考,也掐断了对方说话的机会,交流也就无法进行下去。

"对此您有什么想法吗?"
"……"(认真思考中)
"……"(配合对方的步调耐心等待)
"我觉得……"

面对提问后没有立刻回答的人,切记不要打断他们的思考,耐心等待即可。另外,必须展现自己的态度,向对方传达出"你慢慢思考,我会一直等你"的信号。因为你在等待对方回答的间隙,身体会不自觉地前倾,这样无形中也会给对方带来压力。

你可能会担心,一直配合对方缓慢的步调会不会很痛苦?这点完全不用担心。

不善言辞的人一开始会警惕对方,说话十分慎重。然而,当他发现对方会耐心倾听自己的话时,就会慢慢地卸下心防,说话速度也会逐渐加快,说话内容也会增加。这说明你们交流得很顺利。

我已经提过好几次,诀窍仅仅就是耐心等待而已。然而在实际对话中有些人可能很难做到耐心等待,他们总会忍不住想插话。如果能抑制住自己想插话的冲动,就能深切感受到这样交流的益处。所以务必要忍耐、配合对方,哪怕只坚持最开始的一段时间也行。

场景 12　在不自信的人面前——只问过程

要点！

不要只根据结果判断
要关注过程如何

上小学时，我是个非常不起眼的人。学习和运动成绩都处于平均水平，性格老实，也没有什么兴趣特长，跟别的孩子比起来毫无特点。唯一值得拿出来说的，就是我从不做坏事也从不捉弄别人。

因此，在我的记忆中，基本上没有人夸过我，更没有人训斥过我。可能是我的性格使然，比起自己的优点，我更在意自己的缺点。

那时的我非常在意周围人的目光，只要发现别人对我的评价稍微低于平均水平，我就会立刻改正。因而我也是个缺乏自信的人。

假设你是我当时的老师，显而易见，在你的眼里，我是个很难有机会说上话的学生。我没有做坏事，不能训斥我；也没什么优点，不能表扬我。当然，我也不会主动和老师说话。就算老师偶尔和我说话，我也只是木讷地应一声。

因此老师和我基本没交流过，因为有更多比我容易说上话的学生，老师自然愿意关注他们。

我私自揣测，可能老师也想夸奖我吧。毕竟平常我总是一副很不自信的样子，老师可能也希望我更自信一些吧。

可他们做不到，因为他们"不知道能从何处夸我"，找不到可以夸奖的地方,就无法夸奖别人。

如果你是上司,碰到像我这样不自信的下属应该怎么办呢?假设你有个下属,销售业绩一直不好,你想和他说说话,应该说些什么呢?你们平时一起工作,双方却一直不怎么交流。事实上,你们都感觉对方不太好相处,作为上司,就算你偶尔有机会跟他说上话,也只剩下训斥和提醒了。

对待这类下属,有一种有效的交流方式。

那就是询问对方工作的过程。

"今天客户那边怎么样?"
"今天也不太行。"

此时,不能说"那明天加油吧"来结束对话,而要询问过程。

"这样啊,那你说说你刚到客户那里聊些什么吧。"
"我发现门口有一个很大的摆件,一开始我就围绕那个摆件聊了聊,客户和我聊得挺愉快的。"
"真不错!你通过提问让对方先开始聊,做得很好。竟然能用摆件打开话题,不愧是你!"

"谢谢！然后我也很容易就插上话了，开始介绍我们的产品。"

"我知道了，你没有听对方讲话吧？"

"是的，我忘记了。"

"你业绩不好的原因可能就在这里，那明天拜访的时候多听听客户的话吧。"

不询问结果，只询问过程，就能成功找到可以夸奖的地方。对平常很少被夸奖的人来说，认可和夸奖他们的某个方面之后，交流就会变得非常容易。因此，要多多询问过程。

场景 13 在众人面前——创造对话的条件

要点！

在公共场合
抛出问题时
稍微留出时间

仅此而已！

因为我不善言辞，又有社交恐惧症，所以我比别人更加不擅长当众说话。之前有好几次，我经常讲到一半便突然忘记自己想说的内容，大脑一片空白。当我积累了一些经验后，现在的我可以毫不紧张地当众发言了。最多的时候，我曾在1600名听众面前演讲超过一小时。

那么我是怎样做到毫不紧张地当众发言的呢？其中的诀窍还是"提问"。

刚开始演讲时，我一度以为，演讲者的发言必须足够精彩才行。

因此我专门学习了如何当众说话、如何在讲台上规范举止，然后不断练习演讲内容，背诵好之后再去演讲。

结果……非常悲惨。由于我心里一直想着千万不能说错，导致我压力过大，紧张得面部表情僵硬，声音尖锐，状态很紧绷。我连听众的脸都没怎么看，只是单方面地讲述而已，内心迫切希望演讲快点结束，所以我说话的语速极快。

面对这样无趣又紧张的演讲者，估计没人想听他说话吧，也有人听到一半就离席了。

作为演讲者，若是状态一直这么糟糕可不行。经过几次观察后我发现，站在听众的角度来看，如此紧绷的演讲他们根本不愿意听。当我思考如何才能毫不紧张地说话时，我尝试着做出改变。

"……就是这样。怎么样，各位有类似的体验吗？"

（稍微留出时间）

"每个人都会遇到一两次吧。那么这种时候应该怎么做呢？"

（继续留出时间，环顾会场）

"那我就讲一下自己巧妙应对的方法。"

自从我改变了说话方式后，听众的反应与之前完全不同。我改变的方式就是向听众提问题。当然，现场人数众多，不可能回答，但我会给对方留出在心中回答我问题的时间。也就是，进行模拟对话。

单纯地一个人在台上说话，我的内心会十分不安，但是变成边对话边发言的方式后，我的内心反而变得平静，也不紧张了。而且，演讲结束后的调查问卷，评价基本都是满分，评语也都是"很好理解""容易听懂"等。

当众发言不需要特意装腔作势，也不需要说得像播音员一样动听。因为无论说得多好，若只是自言自语，就无人倾听，说话也变得毫无意义。

可如果能通过提问题与听众进行互动，为对方留出时间思考，即便演讲技巧不够熟练，说出来的话也有信服力。

请各位有机会一定要试试。

场景14 在年长者面前——优先倾听对方的话

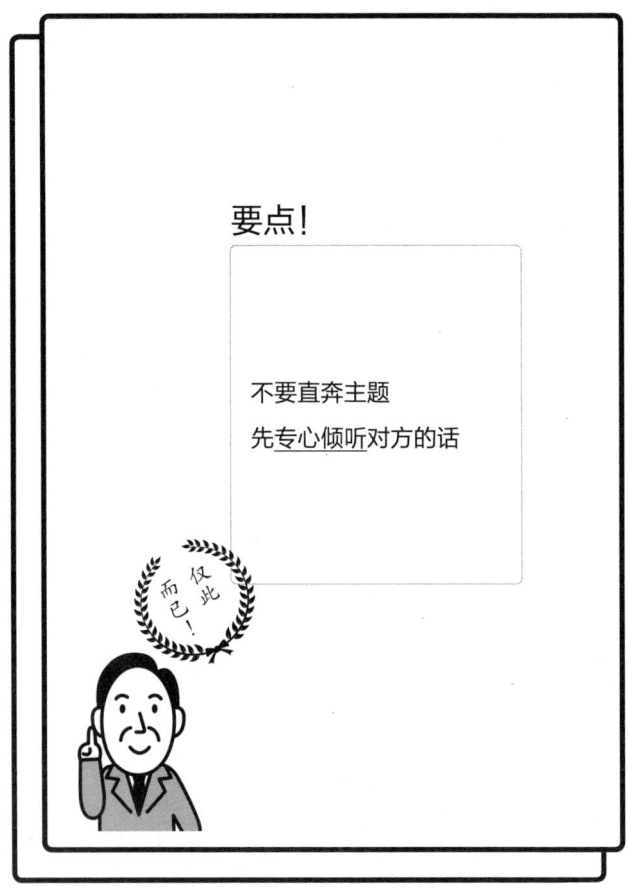

要点！

不要直奔主题
先<u>专心倾听</u>对方的话

听说，在日本高中和大学的体育类社团里，有后辈不允许向前辈提问的传统。

可能因为大家觉得向地位高的人提问非常失礼，这种特殊的习俗限制了人们使用提问的场合。

的确，与年长的人说话需要一些勇气。对方知识渊博、经验丰富，许多人都会烦恼应该如何与这类人沟通。这时，就可以使用有关过去的提问。

之前的章节有提到，有关过去的提问在年长者身上是有效的，接下来就谈谈如何实践应用。方法就是在与过去有关的提问中加入"求教"的内容。对此，我想用亲身经历进行说明。

我还在从事销售工作的时候，曾去拜访过一位客户。对方是管理一个公司的总经理，与我的祖父同龄。我下定决心要努力向客户展现我们公司商品的优势，争取促成交易。

"那么，请先让我说明一下商品的特点吧。"
"嗯……你进公司第几年了？"

对方突然反问我。

"我进公司四个月了。"

"才四个月?你看起来很稳重啊。"

"是吗?感谢您的夸奖。"

"但作为销售来说,你还是经验不够,我一见到你就看出来了,你知道为什么吗?"

"因为我很紧张吗?"

"也有这方面原因。不过比起对商品的精彩说明,成功的销售更应该重视另一件事情。"

"……"

"那就是在对方面前表现出倾听的态度,你注意到了吗?"

"在对方面前表现出倾听的态度……不,我完全没有考虑过。"

为了提高自己的业务能力,我继续提问。

"那么我应该怎样做才好呢?"

"给你一个提示,我以前也用过。那就是询问对方的过去。"

"询问过去吗?"

"我年轻时和你一样,客户大多都是比自己年长的人，面对这样的客户，就可以询问他们过去的经历。询问的过程中，就会不断产生想问的问题，然后继续询问，不断循环。"

"但我感觉这样推销不出去啊……"

"可以的。询问过去，了解对方感兴趣的事物，可以让对方感觉到你在听他说话。年长的人一旦发现他人对自己感兴趣时，他们内心就会宽容一些，也更愿意听你说话。"

从那以后，我的销售风格发生了极大的转变。面对年长的客户时，我不会自己先说话，而会优先倾听对方的话，去了解对方以前在哪个行业做销售。

询问过去的经历，再请教问题。不仅销售业绩提高了，我的销售技巧也得到了提升。这种方法在销售之外也可以使用。当你遇到年长的人时，一定要试着用用看。

第四章 六大方法，抓住提问时机

攻击式提问的诀窍是抓住提问时机

一句"有什么问题吗?"让我汗流浃背

这本书是为性格内向、不善言辞的人而写的。有些人提不出问题,又因为过于在意周围人的眼光而羞愧;有些人无法与他人好好沟通,又因无法表达内心所想而郁闷不已。本书就是为这些人准备的方法工具书。

换句话说,就是教会本书的读者如何消除负面因素。当然,提问能做到的也不只如此,还有更多益处。

那就是从零转化为正数①。本章将说明如何用提问获得更多益处。

我从小就非常内向,到了高中依然不敢主动举手提问,每当老师询问"大家是否有什么问题"时,我都是一副事不关己的样子。

---

① 正数:大于零的数。

但是，我的改变是从一节语文课开始的。在那节语文课上，老师询问"大家对今天的课有什么问题"时，我依旧觉得与我无关，就在这时，老师竟然点名要求我来回答。由于实在太突然，我大脑一片空白，脸涨得通红，满头大汗，慌得不行。

当时的我低头站在那里一言不发，整个人汗流浃背，不知道应该说什么。现在想起来，我依旧十分羞愧。老师看出我的窘迫，于是让我坐下，但我因为在众人面前露出如此不堪的一面，一直悔恨万分。

几天后，又是那位老师的语文课，又点名让我提问。这次我没有上次那么慌了，但也没想到他会连续两次叫我的名字，我又什么都没有问出来。

自此，我觉得必须准备一个应对策略，我真切地感受到，不思考就无法提出问题。今后可能会发生同样的事情，我应该随时做好准备。

💡 "超乎他人想象的提问"让人印象深刻

在这之后的某次语文课上，老师又像之前一样询问大家。我虽然还是没能主动举手，眼神却注视前方，碰上了老师的视线。于是，老师便点名让我提问。当时，我提出了这样一个问题：

"老师，你认为理想的问题应该是怎样的？"

听到这个问题，老师也露出了惊讶的表情，他思考之后回答了我。

我已经忘记他的回答是什么了，但我依旧清楚地记得，老师当时看起来非常满意。可能是我的问题超乎他的想象，让他十分高兴吧。

我记得更清楚的是我提问后周围人的反应，所有人都在看我。

我提出的问题可能正是大家也想知道的问题。我能感觉到大家都在心里说"问得好"，以及"没想到你能问出这种问题"。

从那以后，周围人对我的印象有了改观。以前他们觉得我是个沉默内向的人，现在对我的印象是一个话不多但稳重的人。

我亲身体会到，仅仅因为一个问题，就可以改变如此之大。

从这个角度来说，我应该感谢一直叫我起来提问的语文老师。

方法1　将视角转向周围人

"现在不问也没关系"的提问

正如我刚才所说,仅仅一个问题,就可以大幅改变人的处境。那么,为此应该提出怎样的问题呢?

记住,不要只问跟自己有关的问题,而要问会影响周围人的问题。

平常提问时都习惯于问自己想问的问题,但当你有机会在公共场合提问时,要有效利用这种机会,将视角转向周围人。

比如演讲之后留给听众的提问时间。
跟自己有关的问题是这样的。

"请问破冰是什么意思?"(自己不知道的术语)
"您小时候喜欢说话吗?"(单纯自己感兴趣)

当然,这样问也不是完全不行,不过不知道的术语可以之后再查,没必要利用大家的时间专门询问。

问出以自己为中心的问题后,会场的整体气氛都会变差,大多数人都不会听与自己无关的问题。当然,演讲者也不一定愿意回答。如果有非常想问的个人问题,可以在演讲结束后直接找演讲者询问。

而能够影响周围人的问题是这样的。

"您今天谈到的×××,也适用于其他岗位吗?如果可以,是否能告诉我哪些岗位能用到呢?"

"您今天提到的要点×××,在培养新人时怎么表达更有效呢?"

提问的内容不要只从自己的角度考虑,还要考虑到周围人。这样,既帮周围人解答了疑问,也让大家更理解演讲的内容,会场的氛围也会更和谐。提问时要把自己看作所有人的代表,这样其他人才会也愿意听这个问题。

当然,演讲者也乐于回答这类问题。演讲者既能利用提问对演讲内容进行补充,又能解答听众的疑惑,本人也会更有成就感。

从"强调的内容"开始思考提问

提出影响周围人的问题有一个诀窍。先找出当天演讲所有内容中的关键点,即演讲者最想说的部分,以此为中心思考提问的内容。

演讲者看到听众对自己强调说明的部分表达了疑惑,自然也会认真回答。由此拓展了演讲的内容,加深听众的理解,这就是个值得提出来的好问题。

这里还有一个诀窍,还可以围绕周围人反应较好的内容提问。

在演讲过程中,要学会观察听众的情绪。特别是让许多听众微笑、点头的部分,很有可能是大家有共鸣、记忆深刻的内容,围绕这个话题展开提问,周围人就会像关心自己的事情一样认真倾听。

演讲者通常会对提出这类问题的人印象深刻,如果能借此建立起交流关系,也能扩大人脉。当然对工作同样有帮助。

你一定要试试提出带有这种可能性的提问。

方法 2　提问要让人觉得尖锐

"触及核心的提问"是把双刃剑？

日本记者池上彰经常在电视上对提问者说的一句话是"真是个好问题"。每个提问者听到后，都会有被夸奖的感觉，提问者的心情也会很好。由此可见，提问本身也是被评判的对象。

当你提出尖锐的问题时，听到对方说"哇！好尖锐的问题！"内心也会自得。尤其是在公司会议上，上司给出这样的评价，周围人对你的评价也会改变。

所以，如果能提出人们认为"尖锐"的问题，周围人对你的评价就会更好。日常交流中要有意识地做到这一点。

我在以前的公司上班时，参加会议几乎从不发言。当然根本原因是我不善言辞，不是一个会主动发言的人。所以，我也从来没想过要问什么问题。

可现在想来，如果我当时能问出尖锐的问题，我在同事们心中的印象或许会有所改变吧。

那么，尖锐的问题是指什么样的问题呢？

- 直接触及核心
- 让对方吃惊
- 与其他人的视角不同

你的问题能给别人留下以上印象，才算得上是尖锐的问题。

"我懂了，总之就是让对方吃惊就行了吧！"

等一下，看到上述内容你们很容易会这么想吧，但在此之前必须注意，问题不能仅触及核心或者只让对方吃惊就行了。

在日本，国会直播中经常能看到代表提问，有时会提出一些让人不悦的问题。如果真的是为了国家的利益而提出疑问还好，可有时会看到一些人提问时的态度，怎么看都让人觉得像是在找碴，回答的人看起来也很不快。不过，可能这就是他们的工作吧。然而，这些让人不悦的提问会让观看直播的民众也觉得不适。

同样是触及核心的问题，仅仅抓着对方的小失误不断追问算不上尖锐的问题，真正尖锐的是能让对方往更积极的方向吃惊的问题。

巧妙转移视角的方法

我有一个能提出尖锐问题的好方法，也是我在写书时同样会用到的方法。

这个方法是转移视角，这是一种改变看待事物的角度、位置和时间轴的方法。

比如要研发一种新的蛋糕。

"单身男性下班后，在便利店里就能买到的一人份蛋糕怎么样？"

"不甜的蛋糕怎么样？酸的或者苦的。"

"小时候吃过的怀旧系列蛋糕怎么样？"

"除了用来祝贺的蛋糕，还可以研发在葬礼法事上用的蛋糕。"

"现在特定保健食品里还没有蛋糕吧？"

或许有些想法太极端，可关键不是能不能实现，而是提出问题后，能给其他人提供思考的契机。

只要稍微转移一下视角，就能变成别人眼中尖锐的提问。

一定要养成思考尖锐问题的习惯。

方法 3　用提问缩短距离

即使不擅长也要接近对方

提问行为有很多种含义，最根本的含义是提出想问的内容。但如果你能知道除此之外更多的用法，也会对你有帮助。尤其是在与人交流的必要场合，不同的提问方法会给现场氛围带来好或者不好的影响。如果你能利用好这些方法，便能在工作和生活中都派上用场。

有时你会希望与面前的人拉近距离。

比如总是很难搭上话的客户，在同一楼层工作但基本不说话的同事，联谊中有些在意的人，等等。

即便如此，当面说"我想和你拉近距离"又会觉得不好意思，最后只能保持沉默，以前的我就是这样。

但如今的我不再紧张，甚至能够巧妙地利用提问，自然地与对方说话，从而拉近距离。根据我的交流经验，任何人在对话的过程中都会渐渐平静下来，哪怕是原本在生气的人。

我做销售时学到的就是，哪怕是气势汹汹来投诉的人，只要我不火上浇油，对方也会在说话过程中逐渐冷静下来。我的解决方法就是，让对方先说出来。

我虽然很想接近对方，但我们之间还存在距离，对方没有完全放下心来，对你抱有警惕心理。对没有放下心防的人，我不会特意搭话，可如果不采取行动，情况就没有进展。

此时，提问就派上用场了。

"早上好。咦？你穿正装了，挺少见呀。你要外出吗？"

"不是，今天有欢迎新人的聚会。"

"是吗？我还是第一次见你穿正装。"

"难得穿一次，感觉身体有些僵硬。"

一下拉近与人的距离

拜访客户时，以提问打开话题更容易让对话持续下去。在此基础上，若想进行更深层次的对话，还是得用有关过去的提问。

"听说您之前休假了,是身体不舒服吗?"

"对,很可能是食物中毒了,腹泻有些严重,实在爬不起来。"

"您是误食了什么吗?"

"可能是吃蛤蜊造成的。"

"这样啊,大家都说吃蛤蜊后腹泻很痛苦。"

"是啊,没准就是因为吃了太奢侈的东西身体受不了吧。"(笑着回答)

"怎么会呢。"(笑着说)

"不过体重因此下降了,还挺好的。"

"好像是的,那您多注意身体。否则我们没法工作了。"(开玩笑)

怎么样?是不是感觉距离一下就拉近了?

询问对方过去发生的变化(例如突然休假),问出有趣的话题,再接着深挖下去。

关键是让对方说话。人越说话就越不紧张,越能放松警惕。

如此一来,对话自然变得亲密起来。想拉近与对方的距离,要牢记用提问让对话持续下去。

方法4 全身心倾听对方的话

警惕模式化提问

到这里再说这话可能有些迟了,世界上并不存在好用到一定会打动对方的提问,也没有百分之百能成功的提问。

因为对方是真实的人,不是按下开关就一定做出相同反应的机器人。就算是同一个问题,回答也会因对方当天的心情和周围的环境而改变,也会因提问者的态度和问法而产生不同的结果。

如果你觉得只用掌握一种提问的方法就万事大吉,那世界上只需要有一本和提问有关的书就可以了。既然书店里有那么多种有关提问的书,反而说明没有固定的理论。

因此,如果非要问我提问的秘诀是什么,我会回答:

"百分之百关注对方。"

提问不是一个人完成的，需要有一个对象，这个对象是活生生的人，你无法任意掌控他。面对难以揣测内心的人，没有完美的对策。

即便如此，我以前还是读了很多心理学的书，希望能通过书籍更了解他人的内心。因为每当我面对那些自己不了解的人，也不知道如何和他们打交道时，内心都会很焦虑。可我一想到要记住人类全部的心理模式再掌握对策，就愁得不行。

那段时间正是我销售工作的低谷期。当时的我为了了解客户的心理，死记硬背了许多提问句式，希望在拜访客户的时候能派上用场。

然而，当人们记住一些句子后，就会不自觉地使用它们。于是，在与对方聊天的过程中，会不自觉地思考"这个问题之后问那个问题，接下来再……"，其实这是一个陷阱。当你在心里自顾自想着下一个问题时，你根本没有听对方当时正在说什么。

"不要过度思考"下一个问题

你应该也有类似的经历。对面的人说话时，虽然你看似不住地点头回应，其实脑海中正在想着别的事情。我与重要客户会谈时，有时也会突然走神，中途反应过来后不免一阵后怕。因为一旦走神，就会错失重要的信息。

如此一来，你自然会对客户的话反应迟钝，有时甚至毫无反应。

客户见状，便渐渐沉默下来。他说得正在兴头上，你却心不在焉，他的心情可能因为你的态度而变差，商品自然也就推销不出去。

所以，在对话过程中，不要过度思考下一个问题，而是认真倾听面前的人说话。

如此，对方便会不断说下去，对话气氛也会变得活跃，最终商品也能推销出去。当然，你可能觉得推销成功是因为你展现了自己善于倾听的一面，但是成为优秀销售的一个更重要的点是，发现对方回答中可以用于推销的关键词。

"您刚才说×××，具体是什么情况呢？"

这样你就能不断提出触及核心的提问，认真倾听对方说的话，才能提出好问题。现场提出来的问题，远比事先准备好的问题更有效。

如果你想提出好问题，记住全身心倾听对方说的话。

方法5 引导对方说出关键词

读太多心理学的书,迷失在策略中……

我进行销售培训时,经常会问听众一个问题。

"你认为猜中客户心理的销售和让客户自己说出想法的销售,哪个更厉害?"

大多数人都认为可以猜中客户心理的销售更厉害。恰恰相反,其实能让客户自己说出想法的人才是优秀的销售。

我以前也不明白,所以在很长一段时间里都陷入一种误区,认为猜出客户想法才是成为优秀销售的方法。于是,在书店里看到"读懂客户心理"之类的书都会立刻买下,可怎么都没有效果。

现在想来已经明白,连心理学专家都很难知道人的心理,你不过是个读了几本书的外行,怎么可能读懂客户的想法呢？勉强自己读这类书，只会迷失在策略之中，反而招人厌烦。

人的内心没那么容易读懂，或者说根本不可能读懂。我觉得与其拼命尝试不可能的事情，还不如利用提问的方式引出对方的心声，这样既高效又正确。后来我开始关注提问的方法，总结一点就是，让对方说话。

"您喜欢的是红色吗？"
"是的。"

你们看，这就是试图读取对方心理的提问对话，对方只会说"是"。

人会对"自己说的事情"产生责任感

相反，不试图读取对方心理的提问是这样的。

"您喜欢什么颜色？"
"红色。"

乍一看，你可能觉得这两个问题是一样的，重点在于是不是对方自己回答（关键词），这对销售来说也有重要的意义。人都会对自己说出去的话负责。回答"红色"的人，如果没什么特殊原因，不会撤回自己的发言。即便想撤回，你只要说一句"可是您说过喜欢红色吧"，对方也能接受。

但是，回答"是"的人，也会说出"感觉蓝色更好"之类的话。对此就算你说"可是您说过喜欢红色吧"，对方也能轻易撤回，说着"那个时候我是这么想的，仔细想想我也没有特别喜欢红色"，等等。如此一来，以"喜欢红色"为基础的对话就全白费了。

在销售场合有种说法叫"取得口头承诺"，而在商务场合进行一个个决策时，让对方说出关键的部分是铁律。

在与恋爱有关的讨论中，不要问"你当时喜欢对方吗"，而要问"当时的你有什么感觉"，再等对方回答"我喜欢那个人"才更好。从自己的口中说出来时，会在心中重新思考，这才是真正的想法。

优秀的销售即使知道对方的答案，也不要直接问出口。就算你知道是因为没有预算，也要问"究竟是什么意思"，再引出对方的答案"其实是因为没有预算"。如此，便可以在没有预算的前提下商谈。

一定要用提问引导对方说出关键词，掌握主动权。

方法 6　保持冷静

无法缓解的社交恐惧症

无论你提出多好的问题,如果有一个条件无法满足,效果就会大打折扣。这个条件就是"不要紧张"。

人提出问题后需要和对方交流,若交流能顺畅进行,说明双方都处于放松的状态。

我从小就有严重的社交恐惧症,现在却能在1000人以上的场合演讲。在教室里被老师点名都会紧张的我,为什么能在这么多人面前说话呢?

事实上,我至今都没能克服社交恐惧症,而且我觉得这个症状永远都无法克服。我之所以能改变,是因为我没有强迫自己克服社交恐惧症,而是**努力让自己当众说话时不要紧张**。

我自己的习惯是,先认真做好最基础的事情,比如留有充足的时间，不要忘记带东西等，就不会紧张。

说到底，说服自己不紧张的原因有两个。

第一个原因是，在别人面前过度紧张会很丢脸。小时候，我很容易就紧张、脸红、全身出汗，感觉很羞耻。大部分社交恐惧症的人都是如此。

之前我只有这个理由，等我开始从事演讲的工作后，理由又增加了一个。那就是，紧张后表达会变得不清楚。我的工作不仅是当众说话，还要清楚地向听众传递信息。如果没有传达清楚，演讲便毫无意义。

若是演讲者开始紧张，那么他就很难向听众表达清楚。我会让听众在研讨会后填写调查问卷。演讲内容相同的情况下，我紧张时获得的评价和放松时获得的评价差距极大，后者的效果远比前者好。

面对这个事实，我下定决心，既然我还要做这份工作，就必须清楚地表达自己的想法，为此绝不能在那么多人面前紧张。

💡 努力消除紧张

其实，这就和日常人际交往的道理一样。若你面前有个紧张兮兮的销售，无论对方说什么，你也听不进去吧。

知道对方非常认真，可就是听不进去。对方紧张的样子很容易让人分神，不会注意他说了什么。不仅如此，对方一直处于紧张的状态，也会影响你的情绪。

相反，如果面前的人表现得轻松，自己也会放松下来，自然愿意听心态平静的人说的话。

可以说，**紧张就是阻碍交流的障碍物**。紧张的人在精神上更关注自己，没有余力观察周围，无心倾听对方的话，自然无法经营好人际交往关系。

如果你想让对方能更清楚了解你的问题，你必须保持冷静。

如果你是容易在别人面前紧张的体质，可以仔细分析自己在什么时候容易紧张，这样就能事先发现许多让自己紧张的导火索，在别人面前时尽量避开，不去触及它们。所以，好问题的必要前提是，自己保持冷静。

与人相处时打开话题的好句子合集

和他人相处时,大家都希望能有些打开话题的契机。可有时突然碰到别人,一时也想不出应该说什么。为此,我准备了一些和不同人相处时用于打开话题的好句子。

面对第一次见面的人

面对第一次见面毫无共同话题的人,可以先从寻找话题开始。

"我们应该是第一次见面吧?"
"我们之前见过吗?"
"你经常来这家店吗?"
"你从哪边过来的?"
"你今天是一个人吗?"
"你是做什么工作的?"
"最近的车站是哪一站?"

面对好久不见的人

对见过面但好久不见的人,可以从回忆过去交集的问题开始。

"好久不见,上次见面是什么时候?"(时间)
"我们上次见面是在哪里来着?"(地点)
"感觉你变了不少。"(外表)
"你还是那么年轻。"(外表)
"你现在还在玩××(兴趣)吗?"(兴趣)
"对了,你现在住在哪里?"(住址)
"我经常在业内听到你的消息呢。"(工作)
"你工作还顺利吧?"(工作)
"你家里人还好吧?"(家庭)
"你孩子多大了?"(家庭)

对经常见面的人

对经常见面的人,可以从与近况有关的问题开始。

"你看起来心情不错,有什么好事吗?"(表情)

"你今天穿得和平常不一样啊。"（穿着打扮）

"对了，你最近见过××吗？"（人际交往）

"之前的工作告一段落了？"（工作）

"今天又加班了？"（工作）

"差不多到吃火锅的季节了。"（季节）

"最近××（兴趣）怎么样？"（兴趣）

后 记

"问自己的问题"能让你进一步找到自己

本书最后,我想跟各位分享一个我珍藏许久的技巧。

事实上,人不只可以向他人提问,也可以向自己提问。

我以前读过一篇采访报道,觉得其中有个问题可谓是对自己的终极提问,那是艺术家川岛猛接受采访时回答的问题。

问题是:

"Why born?"

问题很简单,翻译过来就是:"你为何而生?"

人的出生存在某种原因,而且出生这件事本身就要跨越无数奇迹般的难关,最后只有被选中的人才诞生于世。"你为何而生?"这个问题,换句话说也是一个对于使命的提问:"你为了做什么而出生?"

其实,著名作家马克·吐温在《汤姆·索亚历险记》中也问过同样的问题。

> The two most important days in your life
> are the day you are born
> and the day you find out why.
> (人生中最重要的两天,
> 是你出生的那天
> 和你找到你为什么出生的那天。)

你为何而生?马克·吐温把你找到这个原因的那天,定义为你人生中重要的一天。

其实,我是在出版《内向型销售提升业绩的方法》这本书时,决定了我的人生方向。

我要给因性格内向而苦恼的人带来希望。

当一个人做好决定后,就可以将一切事物与此方向对照,再做出决断。

我明确了自己的人生观、价值观，拒绝我认为不应该做的事情，也会接下一份虽然不赚钱但对未来有帮助的工作。

我以前对自己不自信，容易被他人的意见左右，活得浑浑噩噩。我完全不知道自己想做什么，应该做什么，甚至为何而生。

我时常觉得，这个世界不需要我。我既没有主见，也没有想表达的事情。

同时我也很焦虑。

可当我明确自己的人生职责后，世界就发生了改变。

之前萦绕在我心中的焦虑消散了，取而代之的是不断涌现的对生活的希望。

我是为此而生的，当我能说出这句话时，许多事情就有了意义。

无论是过去的痛苦回忆和经历，还是我以前觉得白白浪费的事情，现在我都可以接受。

直到这时，我才感觉到，原来这就是理想中的自己。

正如马克·吐温所说，这是人生中最重要的一天。

我是在出版著作时找到理想的自己的,同样,主动去询问自己"Why born?"也可以找到理想的自己。

"你为何而生?"

我想以这个问题为本书画上句号。

渡濑谦

© 民主与建设出版社,2024

图书在版编目(CIP)数据

好好提问 / (日)渡濑谦著;蓝春蕾译. -- 北京:民主与建设出版社, 2024. 10. -- ISBN 978-7-5139-4727-5

Ⅰ. H019-49
中国国家版本馆 CIP 数据核字第 20247SC136 号

Kuchibeta, Agarishou, Hitomishirino tameno "Shitsumon" de Kaiwawo Moriageru Houhou
Copyright © Ken Watase
First published in Japan in 2016 by DAIWA SHOBO Co., Ltd.
The simplified Chinese translation rights arranged with DAIWA SHOBO Co., Ltd. through Rightol Media in Chengdu.
Chinese edition copyright © 2024 by Beijing Blue City Culture Media Co., Ltd.

著作权合同登记号 图字:01-2024-5188 号

好好提问
HAOHAO TIWEN

著　　者	[日]渡濑谦
译　　者	蓝春蕾
责任编辑	刘　芳
封面设计	介　桑
出版发行	民主与建设出版社有限责任公司
电　　话	(010)59417749　59419778
社　　址	北京市朝阳区宏泰东街远洋万和南区伍号公馆4层
邮　　编	100102
印　　刷	北京旺都印务有限公司
版　　次	2024年10月第1版
印　　次	2024年10月第1次印刷
开　　本	787毫米×1092毫米　1/32
印　　张	6.75
字　　数	109千字
书　　号	ISBN 978-7-5139-4727-5
定　　价	56.00元

注:如有印、装质量问题,请与出版社联系。